現場からの
調理イタリア語

L'ITALIANO PER LA RISTORAZIONE

蔵本浩美・塩川由美
監修　塩川　徹

イタリアの地理

料理にでてくる主なイタリアの州

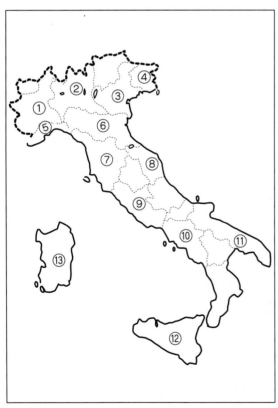

① Piemonte ピエモンテ
② Lombardia ロンバルディーア
③ Veneto ヴェーネト
④ Friuli-Venezia Giulia
　　　フリウーリ・ヴェネツィア ジューリア
⑤ Liguria リグーリア
⑥ Emilia-Romagna エミーリア・ロマーニャ
⑦ Toscana トスカーナ
⑧ Marche マルケ
⑨ Lazio ラツィオ
⑩ Campania カンパーニア
⑪ Puglia プーリア
⑫ Sicilia シチーリア
⑬ Sardegna サルデーニャ

まえがき・本書の使い方

　このテキストは、すでに出版された「新・現場からの調理フランス語」「新・現場からの製菓フランス語」の姉妹編イタリア語版です。フランス語同様、イタリア語も一般語学の領域と調理現場で求められる「生の」言葉には大きなズレがあります。一刻も早く実践的な言葉を身につけ、「現場の料理のイタリア語」のレベルにアクセスしたいという意欲的な料理人さんの要望に応えるため、本書は「現場からの〜」シリーズの主旨に沿い、現場中心の多角的な視点で制作されたものです。

　実際にイタリアの数軒のレストランを訪問し、調理場内を見せてもらい、そこでのやり取りを録音し、複数のイタリア人シェフや現在イタリアの第一線で活躍している日本人シェフに調理場内の様子を詳しく伺いました。そんな「現場」の情報をもとに、料理専門家、現地のイタリア人、大学の教師、ソムリエ、などの共同制作でこのテキストが誕生しました。

　日本の調理専門学校では主にフランス語を勉強し、イタリア語は独学というケースが多い、そのような現状も踏まえて、イタリア語初心者、料理の勉強にイタリア留学を希望している方、イタリア滞在経験はあるがイタリア語を磨き直したいと考えている方、など幅広い要望に応えられるよう内容を工夫しました。発音の表記についても、より実際のネイティヴの発音に近い表記をとっていますが、イタリアでは地方によって発音や表現が異なる場合もあります。

[基礎編]　「メニューを読んでみよう」では豊富な例題を通して料理名に慣れ、覚えていくうちにイタリア語の料理名が読め、最終的には日本語の料理名をイタリア語に訳せるようになることを目指します。現場で役立つ「料理名の書き方パターン表」も掲載しています。

[応用編]　「リチェッタを読んでみよう」ではイタリア語で書かれたレシピを日本語に訳せるようになることを目指します。例題ではリチェッタのパターン、調理手順の全訳とフレーズごとの徹底的な解説をしました。

[会話編]　あいさつ、市場、調理場での会話、実際の仕事の流れ、またレストランの予約や注文の仕方など、幅広い内容です。特に調理場での仕事の流れは実際に録音した現場の生の会話です。調理場は短い言葉のやり取りに命がかかっています。絶対出てくる！そんなフレーズ集も加えました。

[資料編]　イタリア語の発音とアクセントのサンプル表、料理を学ぶ上で必要な地方と料理、ワイン、チーズについてだけでなく、数字、時や時間、季節、天候の表現、など盛りだくさんの内容です。調理用語集には野菜、魚、パスタ、肉の部位、調理器具、調理場の見取り図などイラストをつけました。

☆ コラム、ひとくちメモ、現場の声：イタリアの食材や調理場について知っておけば役立つ知識です。イタリアの第一線で活躍する日本人シェフの生の声も紹介しています。

ご協力頂いた全ての方々、Emanuela Tanfi (Firenze)、Sabrina Lanzoni (Pisa)、Ristorante Biagio Pignatta (Artimino) のシェフMichela Bottasso、Ristorante Da Enzo (Siena) のオーナーシェフ Enzo Parri、Trattoria Baldini (Firenze)、Ristorante Oliviero (Firenze) のシェフ佐藤恵一氏に感謝し、このテキストが調理イタリア語を学ぶ良いきっかけになることを願っています。

Buon lavoro !

2012年6月　　著者

も　く　じ

イタリアの地理

アルファベートと発音のめやす　　　　　　　　　　　　　　　　　　　　8

基礎編の ＜ メニューを読んでみよう ＞ で料理名が読める、書ける・・・　　10

応用編の ＜ リチェッタを読んでみよう ＞ でリチェッタが読める、わかる・・・　　11

基礎編　　メニューを読んでみよう

メニュー構成　　　　　　　　　　　　　　　　　　　　　　　　　　　14

Lezione 1　Vino e pasta　　　　　　　　　　　　　　　　16
　　　　　　　名詞　男性名詞と女性名詞

Lezione 2　Pomodoro ／ Pomodori　　　　　　　　　18
　　　　　　　名詞　単数形と複数形

Lezione 3　Il pomodoro ／ I pomodori　　　　　　　20
　　　　　　　定冠詞　《 il, la, i, le 》
　　　　　　　　　　　　コラム　トマト　　　　　　　　　　　　21

Lezione 4　Insalata di mare　　　　　　　　　　　　22
　　　　　　　前置詞 《 di 》 について

Lezione 5　Spaghetti al pomodoro　　　　　　　　24
　　　　　　　前置詞 《 a 》 ＋ 定冠詞

Lezione 6　Bruschetta alla romana　　　　　　　26
　　　　　　　《 alla 》 について
　　　　　　　　　　　　コラム　ピッツァ　　　　　　　　　　27
　　　　　　参考　料理名は単数形？　複数形？
　　　　　　　　ひとくちメモ　カボチャの花？ ズッキーニの花？

Lezione 7　Antipasto freddo ／ Pasta fredda　　30
　　　　形容詞　《 freddo 》と《 fredda 》
　　　　参考　料理名によく出てくる形容詞の変化表
　　　　　　　コラム　オリーブの実とオリーブオイル　　32

Lezione 8　Salmone marinato ／ Anguilla marinata　　34
　　　　過去分詞　《 marinato 》と《 marinata 》
　　　　参考　料理名によく出てくる過去分詞表

Lezione 9　Risotto con i funghi　　38
　　　　前置詞　《 con 》について
　　　　　　　コラム　バルサミコ酢　　39

Lezione 10　Tortellini in brodo　　40
　　　　前置詞　《 in 》について
　　　　　　　ひとくちメモ　トルテッリーニとカッペッレッティ　41
　　　　参考　料理名の書き方パターン表　　42

　　　　総合練習問題
　　　　　　　コラム　小麦・パスタ　　46

応用編　リチェッタを読んでみよう

Lezione 11　Bruschetta alla romana　　48
　　　　＜ リチェッタを読んでみよう 1 ＞　ローマ風ブルスケッタ
　　　　参考　リチェッタによく出てくる動詞
　　　　参考　リチェッタを読むためのキーワード（1）
　　　　参考　イラスト　いろいろな材料と分量の表し方　　55

Lezione 12　Spaghetti alle vongole　　56
　　　　＜ リチェッタを読んでみよう 2 ＞　アサリのスパゲッティ
　　　　　　　ひとくちメモ　白か？ 赤か？
　　　　参考　リチェッタを読むためのキーワード（2）

Lezione 13　Moscardini in umido　　60
　　　　＜ リチェッタを読んでみよう 3 ＞　小ダコの煮込み
　　　　　　　ひとくちメモ　ソッフリットとバットゥート

Lezione 14　Filetto di manzo con salsa al marsala　64

< リチェッタを読んでみよう 4 >　牛フィレ肉のマルサーラワインソース

ひとくちメモ　塩について

Lezione 15　Panna cotta con la frutta　68

< リチェッタを読んでみよう 5 >　パンナコッタ フルーツ添え

コラム　パンについて　71

参考　リチェッタを読むためのキーワード（3）

練習問題

コラム　米と穀物と豆類　76

会話編

| あいさつ | こんにちは / 元気？ | 78 |

| 市場へ | 八百屋で / 魚屋で / 肉屋で / 食料品店で | 80 |

動詞《 essere 》と《 avere 》

| 調理場での会話 | 短い言葉のやりとりを覚えよう！ | 84 |

下ごしらえ　野菜 / 生パスタ / 魚 / 肉　88

ひとくちメモ　調理場の人員構成

現場の声　～ スィニョール佐藤のつぶやき その1 ～　93

現場の声　～ スィニョール佐藤のつぶやき その2 ～　95

調理場内の流れ　96

明日の準備　98

ひとくちメモ　「 はじめまして、よろしく 」

現場の声　～ スィニョール佐藤のつぶやき その3 ～　101

| レストランにて | 席の予約 / 予約なしで | 102 |

食事　104

コラム　ちょっとおかしな料理とお菓子の名前　108

資料編

イタリア語の発音とアクセント　110

数字 / 季節・月・曜日　114

時 / 時刻 / 時間 / 天気の表わし方　116

イタリアの地方と料理　　118

ピエモンテ州 / リグーリア州 / ロンバルディーア州

ヴェーネト州 / エミーリア・ロマーニャ州 / トスカーナ州

ラツィオ州 / カンパーニア州 / シチーリア州

その他の州の特産物と料理

イタリアのワイン　　122

主な産地とブドウの品種

主な産地と代表的なワイン

ワインの分類　　ひとくちメモ　スーパー・タスカン

ラベルの読み方

イタリアのチーズ　　126

フレッシュタイプ / ソフトタイプ

ハード・セミハードタイプ / ブルーチーズ

調理用語集

1.	野菜・ハーブ	イラスト	野菜・ハーブ	128
2.	パスタ・穀類	イラスト	パスタ	131
3.	魚類・甲殻類他	イラスト	魚類・甲殻類	133
4.	肉類	イラスト	肉の部位	136
5.	果物・デザート・菓子・パン			140
6.	乳製品・卵			142
7.	飲み物・酒類	イラスト	酒類	143
8.	料理名			144
9.	ソース・だし・調味料			145
10.	調理技術	イラスト	切り方・調理技術	146
11.	調理器具	イラスト	調理器具	149
12.	調理機器			151
13.	調理人の服装			
14.	レストラン			
		イラスト	調理場の見取り図	152

＊別冊　　p.1〜　　基礎編　　練習問題の解答
　　　　　p.3〜　　応用編　　リチェッタの読み仮名・練習問題の解答
　　　　　p.11〜　会話編　　イタリア語の読み仮名

アルファベート　alfabeto

イタリア語のアルファベットは、英語より5文字少ない21文字です。

A	a	アー	N	n	エンネ
B	b	ビー	O	o	オー
C	c	チー	P	p	ピー
D	d	ディー	Q	q	クー
E	e	エー	R	r	エッレ
F	e	エッフェ	S	s	エッセ
G	g	ジー	T	t	ティー
H	h	アッカ	U	u	ウー
I	i	イー	V	v	ヴィー／ヴゥー
L	l	エッレ	Z	z	ゼータ
M	m	エンメ			

次の5文字も外来語、人名、地名などを表わすために用いられることがあります。

J	j	イルンゴ	judo 柔道　jazz ジャズ
K	k	カッパ	karate 空手
W	w	ドッピァヴゥー	week-end ウィークエンド
X	x	イクス	boxe ボクシング
Y	y	イプスィロン / イグレーコ	New York ニューヨーク

この本では実際の発音により近い読み仮名をうっているよ！

発音のめやす

基本的にはローマ字読みですが、太字の発音には気をつけましょう。(詳しくはp.110)

	a アー	e エー	i イー	o オー	u ウー
b	ba バ	be ベ	bi ビ	bo ボ	bu ブ
c	ca カ	**che ケ**	**chi キ**	co コ	cu ク
	cia チャ	**ce / cie チェ**	**ci チ**	**cio チョ**	**ciu チュ**
d	da ダ	de デ	di ディ	do ド	du ドゥ
f	fa ファ	fe フェ	fi フィ	fo フォ	fu フ
g	ga ガ	**ghe ゲ**	**ghi ギ**	go ゴ	gu グ
	gia ジャ	**ge/gie ジェ**	**gi ジ**	**gio ジョ**	**giu ジュ**
	glia リャ	**glie リェ**	**gli リ**	**glio リョ**	**gliu リュ**
	gna ニャ	**gne ニェ**	**gni ニ**	**gno ニョ**	**gnu ニュ**
h	ha ア			ho オ	
i	ia ヤ・イーア	ie イェ・イーエ		io ヨ・イーオ	iu ユ
l	la ラ	le レ	li リ	lo ロ	lu ル
m	ma マ	me メ	mi ミ	mo モ	mu ム
n	na ナ	ne ネ	ni ニ	no ノ	nu ヌ
p	pa パ	pe ペ	pi ピ	po ポ	pu プ
qu	qua クワ	que クエ	qui クイ	quo クオ	
r	ra ラ	re レ	ri リ	ro ロ	ru ル
s	**sa サ・ザ**	**se セ・ゼ**	**si スィ・ズィ**	**so ソ・ゾ**	**su ス・ズ**
	sca スカ	**sche スケ**	**schi スキ**	**sco スコ**	**scu スク**
	scia シャ	**sce/scie シェ**	**sci シ**	**scio ショ**	**sciu シュ**
t	ta タ	te テ	ti ティ	to ト	tu トゥ
u	ua ワ	ue ウェ	ui ウィ	**uo ウォ**	
v	va ヴァ	ve ヴェ	vi ヴィ	vo ヴォ	vu ヴ
z	**za ザ・ツァ**	**ze ゼ・ツェ**	**zi ズィ・ツィ**	**zo ソ・ツォ**	**zu ズ・ツ**

9

基礎編の＜メニューを読んでみよう＞で
料理名が読める・書ける・・・

- 男性名詞／女性名詞 → *Vino e pasta*
- 名詞の単数形／複数形 → *Pomodoro / Pomodori*
- 定冠詞単数形／複数形 → *Il pomodoro / I pomodori*
- ＜di＞について → *Insalata di mare*
- ＜a＞＋定冠詞 → *Spaghetti al pomodoro*
- ＜alla＞について → *Bruschetta alla romana*
- 形容詞の男性形／女性形 → *Antipasto freddo / Pasta fredda*
- 過去分詞の男性形／女性形 → *Salmone marinato / Anguilla marinata*
- ＜con＞について → *Risotto con i funghi*
- ＜in＞について → *Tortellini in brodo*

＜スグに役立つ！＞

| 料理名によく出てくる形容詞の変化表 |
| 料理名によく出てくる動詞の過去分詞表 |
| 料理名の書き方パターン表 |

応用編の ＜リチェッタを読んでみよう＞で
リチェッタが読める・わかる・・・

＜リチェッタを読んでみよう 1 ＞

（1）料理名

| Bruschetta alla romana | ローマ風ブルスケッタ |

料理名

（2）時間

| Tempo di preparazione | 5 minuti | 準備時間 5分 |
| Tempo di cottura | 5 minuti | 調理時間 5分 |

調理時間

（3）材料と分量

Ingredienti per 4 persone	材料　4人分
4 fette di pane casareccio	自家製パン　4切れ
2 pomodori da insalata	サラダ用トマト　2個
2 spicchi d'aglio	ニンニク　2かけ
4 cucchiai di olio d'oliva	オリーブオイル　大さじ4
1 cucchiaino di capperi	ケーパー　小さじ1
sale e pepe q.b.	塩とコショウ　適量

材料と分量の表し方

（4）手順

Fate tostare le fette di pane nel forno a 200℃ per 5 minuti voltandole una volta. Sbucciate l'aglio e strofinate con uno spicchio ciascuna fetta da una sola parte. Affettate i pomodori e distribuiteli equamente sulle fette di pane, condite con sale, pepe, il restante aglio tritato con i capperi, completate con l'olio e servite.

全訳）
パン切れを200℃のオーブンで5分間、一度裏返してトーストする。
ニンニクの皮をむき、1かけをそれぞれのパン切れの片面にこすりつける。
トマトを薄切りにしてパン切れの上に均等に置き、塩とコショウ、ケーパーと一緒にみじん切りにした残りのニンニクで味付けし、オリーブオイルをかけ仕上げ、出す。

調理手順読み下し

〔解説〕
（4）手順の表し方　　**動詞の命令形か原形*(不定詞)** で表されます。
　　　　　　　　　　　ここでは**命令形**で表されています。

Fate tostare le fette di pane nel forno a 200℃ per 5 minuti voltandole una volta.
直訳）　パン切れを200℃のオーブンで5分間、一度裏返しながらトーストしなさい。

・Fate tostare「トーストしなさい」 fare tostare の命令形。
・nel forno a 200℃「200℃のオーブンの中で」 nel「～の中に（で）」(p.73参照)
・per 5 minuti「5分間」
・voltandole「（それを）裏返しながら」
　　voltando は動詞 voltare のジェルンディオ。(p.53参照) le = le fette di pane

手順の詳細説明

＜スグに役立つ！＞

| リチェッタによく出てくる動詞の変化表 |
| リチェッタを読むためのキーワード（1） |
| リチェッタを読むためのキーワード（2） |
| リチェッタを読むためのキーワード（3） |

基 礎 編

メニューを読んでみよう

メニュー構成

名詞

定冠詞

《 di 》

《 a 》+ 定冠詞

《 alla 》

形容詞

過去分詞

《 con 》

《 in 》

メニュー構成

前菜

前菜の盛り合わせ
シーフードサラダ
ローマ風ブルスケッタ
牛肉のカルパッチョ
生ハムとメロン
ヤリイカの詰め物

第一の皿

トマトソースのスパゲッティ
アサリのスパゲッティ
ボローニャ風ラザーニャ
リボッリータ
ポルチーニ茸のリゾット

第二の皿

魚料理

魚のミックスフライ
スズキのグリル
鯛の包み焼き
鮭の塩包み焼き
アカザエビのパン粉焼き

肉料理

鶏の猟師風
ミラノ風カツレツ
牛肉の蒸し煮 バローロワイン風味
豚肉のアリスタ
仔羊の背肉のロースト

·❧ MENU ❧·

Antipasti

Antipasto misto
Insalata di mare
Bruschetta alla romana
Carpaccio di manzo
Prosciutto e melone
Calamari ripieni

Primi piatti

Spaghetti al pomodoro
Spaghetti alle vongole
Lasagne alla bolognese
Ribollita
Risotto ai funghi porcini

Secondi piatti
Pesce

Fritto misto di pesce
Spigola alla griglia
Orata al cartoccio
Salmone in crosta di sale
Scampi gratinati

Carne

Pollo alla cacciatora
Cotoletta alla milanese
Brasato di manzo al Barolo
Arista di maiale
Arrosto di carré di agnello

· Antipasti　　　　アンティパスティ（前菜）。

· Primi piatti　　　プリミ ピアッティ（第一の皿）。パスタ料理、スープ類、米料理が含まれる。
　　　　　　　　　これらを総称して Minestre と呼ぶところもある。また、Primi piatti と
　　　　　　　　　Minestre（スープ類）を分けているレストランもある。

· Secondi piatti　　セコンディ ピアッティ（第二の皿）。メインディッシュのことで、魚料理と肉料理
　　　　　　　　　に分けている場合もある。卵料理もここに含まれる。

基礎編

Contorni
- Insalata mista
- Fiori di zucca fritti
- Patate arrosto
- Spinaci saltati

付け合せ
- ミックスサラダ
- ズッキーニの花のフライ
- ローストポテト
- ホウレン草のソテー

Formaggi
- Selezione di formaggi

チーズ
- チーズの盛り合わせ

Dessert（dolci, frutta）
- Tiramisù
- Panna cotta con la frutta
- Zuppa inglese
- Frutta fresca di stagione
- Gelato della casa

デザート
- ティラミス
- パンナコッタのフルーツ添え
- ズッパ・イングレーゼ
- 季節のフレッシュフルーツ
- 自家製アイスクリーム

Bevande
- Caffè
- Tè
- Acqua minerale
- Spremuta di arancia
- Birra alla spina

飲み物
- コーヒー
- 紅茶
- ミネラル・ウォーター
- オレンジの生ジュース
- 生ビール

Coperto　　　　　テーブルチャージ
Servizio　　　　　サービス料

- Contorni　コントルニ（付け合せ）。第二の皿の付け合せで、Verdure（野菜）という場合もある。
- Formaggi　フォルマッジ（チーズ）。メニューにない場合もある。
- Dessert　　デッセール（デザート）。総称としてフランス語の desserts が使われ、ケーキ類、果物、アイスクリームが含まれる、Dolciと呼ばれることも多いがその場合は Frutta（果物）と Gelato（アイスクリーム）は別になっていることもある。
- Bevande　ベヴァンデ（飲み物）。ワインリストは別になっていることが多い。

Lezione 1　　　　*Vino　e　pasta*

メニューの料理名に使われている言葉を見てみましょう。

名詞　　男性名詞と女性名詞

イタリア語の名詞には「**男性名詞**」と「**女性名詞**」があります。

ほとんどの場合、男性名詞は＜ o ＞で終わり、女性名詞は＜ a ＞で終わりますが、どちらも＜ e ＞で終わる名詞もあります。

【 男性名詞 】　　語尾が＜ o ＞で終わる名詞

ジェラート gelato	アイスクリーム	ポッロ pollo	鶏肉
ポモドーロ pomodoro	トマト	カーヴォロ cavolo	キャベツ
カルチョーフォ carciofo	アーティチョーク	リゾット risotto	リゾット
アッリオ aglio	ニンニク	フンゴ fungo	キノコ

【 女性名詞 】　　語尾が＜ a ＞で終わる名詞

ピッツァ pizza	ピザ	オリーヴァ oliva	オリーブ
ペーラ pera	洋ナシ	ヴォンゴラ vongola	アサリ
カロータ carota	人参	チポッラ cipolla	タマネギ
パタータ patata	ジャガイモ	アランチャ arancia	オレンジ

【 男性名詞／女性名詞 】　　語尾が＜e＞で終わる名詞

【 男性名詞 】

<ruby>limone<rt>リモーネ</rt></ruby>　　レモン
<ruby>melone<rt>メローネ</rt></ruby>　　メロン
<ruby>salame<rt>サラーメ</rt></ruby>　　サラミソーセージ

【 女性名詞 】

<ruby>noce<rt>ノーチェ</rt></ruby>　　クルミ
<ruby>carne<rt>カルネ</rt></ruby>　　肉
<ruby>lepre<rt>レープレ</rt></ruby>　　野うさぎ

＜e＞で終わる名詞は辞書で調べてみよう！

【接続詞】　＜e＞　vino e pasta　ワインとパスタ

<ruby>pane e burro<rt>パーネ エ ブッロ</rt></ruby>　　パンとバター
<ruby>carne e pesce<rt>カルネ エ ペーシェ</rt></ruby>　　肉と魚
<ruby>forchetta e coltello<rt>フォルケッタ エ コルテッロ</rt></ruby>　　フォークとナイフ
<ruby>vino bianco e vino rosso<rt>ヴィーノ ビアンコ エ ヴィーノ ロッソ</rt></ruby>　　白ワインと赤ワイン
<ruby>dolce e caffè<rt>ドルチェ エ カッフェー</rt></ruby>　　デザートとコーヒー

【練習】　次の名詞は男性？女性？どちらでしょう。

① sedano　　　　⑥ fava
② mela　　　　　⑦ pepe
③ olio　　　　　　⑧ pisello
④ peperone　　　⑨ salmone
⑤ zucca　　　　　⑩ frutta

（答えは別冊に）

Lezione 2　　*Pomodoro　/　Pomodori*

名詞 　単数形と複数形

イタリア語の名詞には単数形と複数形があります。
通常複数形になると単数形の**語尾の母音字が変わり**、
発音も変わります。

o	→	i
a	→	e
e	→	i

料理名では複数形
がよく使われるから
まるごと覚えよう

	単数形		複数形	
1.【 男性名詞の語尾 】	o	→	i	
	ポモドーロ pomodoro	→	ポモドーリ pomodori	トマト
	ジェラート gelato	→	ジェラーティ gelati	アイスクリーム
	カーヴォロ cavolo	→	カーヴォリ cavoli	キャベツ
☆ 特殊な例：	アッリオ aglio	→	アッリ agli	ニンニク
	フィーコ fico	→	フィーキ fichi	イチジク
	フンゴ fungo	→	フンギ funghi	キノコ
	アスパーラゴ asparago	→	アスパーラジ asparagi	アスパラガス
2.【 女性名詞の語尾 】	a	→	e	
	ヴォンゴラ vongola	→	ヴォンゴレ vongole	アサリ
	パタータ patata	→	パターテ patate	ジャガイモ
	コッツァ cozza	→	コッツェ cozze	ムール貝
☆ 特殊な例：	オーカ oca	→	オーケ oche	ガチョウ
	アリンガ aringa	→	アリンゲ aringhe	ニシン
	アランチャ arancia	→	アランチェ arance	オレンジ

18

	単数形		複数形	

3．【男性／女性名詞の語尾】　e → i

【男性名詞】
- リモーネ limone → リモーニ limoni　レモン
- メローネ melone → メローニ meloni　メロン
- サラーメ salame → サラーミ salami　サラミソーセージ

【女性名詞】
- ノーチェ noce → ノーチ noci　クルミ
- カルネ carne → カルニ carni　肉
- レープレ lepre → レープリ lepri　野ウサギ

4．特殊な名詞

① 単数形だけの名詞（数えられないものを表す名詞）

　　ラッテ latte　牛乳　　　　ミエーレ miele　蜂蜜　　　　ペーペ pepe　コショウ

② 複数形だけの名詞（常に複数扱いをする名詞）

　　スペーツィエ spezie　香辛料　　　フォルビチ forbici　はさみ

③ 語尾の母音にアクセントがある名詞は単数形も複数形も同じ形である。

　　カッフェー caffè　コーヒー　　　　テー tè　紅茶

④ 外来語の場合は複数になっても変化しない。メニューの場合は元の言語の性に従う。
　　フランス語の場合はフランス語の性に、性別のない外来語は男性名詞になる。

　　ムース mousse　ムース（仏・女性）　　サンドウィッチ sandwich　サンドイッチ（英・男性）

⑤ 複数形になると＜性＞の変る男性名詞

　　ウォーヴォ uovo　卵（単数）　→　ウォーヴァ uova　卵（複数）
　　　　男性名詞　　　　　　　　　　　　女性名詞

Lezione 3　　*Il pomodoro / I pomodori*

定冠詞

イタリア語の名詞には原則として**冠詞**がつきます。不定冠詞、部分冠詞、定冠詞がありますが*、まずメニューの料理名で必要な**定冠詞**を覚えましょう。

定冠詞は「その～」という意味を表しますが、通常訳す必要はありません。

＊冠詞（p.73参照）

基本形　< il, la, i, le >
（イル　ラ　イ　レ）

```
il ＋ 男性名詞単数    →    i ＋ 男性名詞複数
      イル ポ モ ドーロ         イ ポ モ ドーリ
         il pomodoro    →    i pomodori

la ＋ 女性名詞単数    →    le ＋ 女性名詞複数
      ラ ヴォンゴラ             レ ヴォンゴレ
         la vongola    →    le vongole
```

ほとんど
基本形4つで
OK！

特殊な形　< lo, l', gli >
（ロ　リ）

```
< s ＋ 子音字 >、< gn, ps, x, z > で始まる男性名詞につく。

    lo ＋ 男性名詞単数    →    gli ＋ 男性名詞複数
          ロ スピナーチョ          リ スピナーチ
             lo spinacio    →    gli spinaci　（ホウレン草）
          ロ ニョッコ              リ ニョッキ
             lo gnocco     →    gli gnocchi　（ニョッキ）
```

母音で始まる名詞につく。

```
    l' ＋ 男性名詞単数    →    gli ＋ 男性名詞複数
          ラ ニェッロ              リ アニェッリ
             l' agnello     →    gli agnelli　（仔羊）

    l' ＋ 女性名詞単数    →    le ＋ 女性名詞複数
          ラ ランチャ             レ アランチェ
             l' arancia     →    le arance　（オレンジ）
```

練習

1）次の名詞を複数形にしてみよう。

① fragola　　　② porro　　　③ pera
④ lattuga　　　⑤ peperone　　⑥ calamaro

2）次の名詞に定冠詞をつけてみよう。

① pesca（単数）　　② aglio（単数）　　③ cavolfiore（単数）
④ fagioli（複数）　⑤ asparagi（複数）　⑥ melanzane（複数）

（答えは別冊に）

基礎編

コラム

Pomodoro　トマト

イタリアの野菜といえばやはりトマト。16世紀、ズッキーニ、ピーマン、唐辛子などと一緒に南アメリカから入った野菜である。pomodoro とは"金のリンゴ"という意味だが、その頃のトマトに黄色のものが多かったからだとか・・・
主な産地はプーリア州、カンパーニア州、シチーリア州である。
イタリアではトマトは生で食べるだけでなく、ホールトマトなどに加工して1年中使われる。丸、小粒、細長いものなど形や種類も多く、中でもサンマルツァーノ種は果肉が厚く、水分が少ないのでソースに最適といわれる。

加工品：　pomodori pelati　　　　　　ホールトマト
　　　　　passata di pomodoro　　　　トマトピューレ
　　　　　concentrato di pomodoro　　トマトペースト
　　　　　pomodori secchi　　　　　　ドライトマト*

＊ドライトマトの油漬け（ pomodori secchi sott'olio ）は前菜としてよく食べられる。

Lezione 4   *Insalata di mare*

前置詞　《 di 》について

《 di 》は2つの単語のつなぎに使われます。

例をみてみよう。

インサラータ ディ マーレ Insalata di mare*	シーフードサラダ
カルパッチョ ディ トンノ Carpaccio di tonno	マグロのカルパッチョ
ミネストローネ ディ ヴェルドゥーレ Minestrone di verdure	野菜のミネストローネ
クレーマ ディ フンギ Crema di funghi	キノコのクリームスープ
ニョッキ ディ パターテ Gnocchi di patate	ジャガイモのニョッキ
アッロースト ディ マンソ Arrosto di manzo	牛肉のロースト
マチェドーニア ディ フルッタ Macedonia di frutta	フルーツポンチ
ペッティ ディ ポッロ Petti di pollo	鶏の胸肉
コストレッテ ダニェッロ Costolette d'agnello**	仔羊の鞍下肉
スパッラ ディ マイアーレ Spalla di maiale	豚の肩肉
スカロッピーナ ディ ヴィテッロ Scaloppina di vitello	仔牛のエスカロップ
アチェート バルサーミコ ディ モデナ Aceto balsamico di Modena	モデナ産バルサミコ酢
スペック デッラルト アーディジェ Speck dell'Alto Adige***	アルト・アディジェ産スペック
ドルチェ デッラ カーサ Dolce della casa	当店特製のデザート

* mare … frutti di mare（海の幸）のことで、シーフード（魚介類）と訳す。

** < di > は後に母音字がくると < d' > になることもある。

*** < di > の後に定冠詞がついて < del, della, dell' > などに変化することがある（p.73参照）。

料理名の中では、《 di 》の後に次のような単語がきます。

1) 料理の主材料   Zuppa **di** pesce   魚のスープ

2) 部位や切り方のもとになる食材   Filetto **di** maiale   豚肉のフィレ

3)（食材の）産地名、（料理の）発祥の地   Prosciutto **di** Parma   パルマ**産**の生ハム

《 **di** 》の基本的な使われ方

料理名 ＋ **di** ＋ 主材料

<例> Insalata **di** pomodori
トマトのサラダ

ただし、主材料の部分が次のような組み合わせのときもあります。

料理名 ＋ **di** ＋ | 部位 切り方 ＋ **di** ＋ 主材料 |

<例> Arrosto **di** filetto **di** manzo
牛フィレのロースト

料理名 ＋ **di** ＋ | 主材料 ＋ **di** ＋ 産地名 |

<例> Flan **di** pecorino **di** Pienza
ピエンツァ産ペコリーノチーズのフラン

[練習] 次の料理名を日本語に訳してみよう。

① Terrina di pesce

② Insalata di scampi ed* asparagi

③ Minestra d'orzo e fagioli

④ Fritto di fiori di zucchine

⑤ Zuppa di funghi porcini di Borgotaro

（答えは別冊に）

＊ ＜ e ＞ は後に母音字がくると ＜ ed ＞ になることもある。

| Lezione 5 | *Spaghetti al pomodoro* |

前置詞《 a 》+ 定冠詞

1. 後に副材料や調味料を表す単語が続くと、" ～風味、～入りの、～であえた " という意味になります。

スパゲッティ アル ポモドーロ
Spaghetti al pomodoro　　　　　トマトソースのスパゲッティ

タッリアテッレ アル タルトゥーフォ
Tagliatelle al tartufo　　　　　トリュフ風味のタリアテッレ

リゾット アル ネーロ ディ セッピア
Risotto al nero di seppia　　　　イカ墨のリゾット

リゾット アッロ ザッフェラーノ
Risotto allo zafferano　　　　　サフラン風味のリゾット

バヴァレーゼ アッラ ヴァニッリア
Bavarese alla vaniglia　　　　　バニラ風味のババロア

スパゲッティ アッラッリオ
Spaghetti all' aglio　　　　　ニンニク風味のスパゲッティ

タッリアテッレ アイ ガンベレッティ
Tagliatelle ai gamberetti　　　　小エビ（であえた）のタリアテッレ

ペンネ アッリ スカンピ
Penne agli scampi　　　　　アカザエビ（であえた）のペンネ

スパゲッティ アッレ ヴォンゴレ
Spaghetti alle vongole　　　　アサリ（であえた）のスパゲッティ

リゾット アイ フンギ
Risotto ai funghi　　　　　キノコ入りのリゾット

コニッリオ アッレ スペーツィエ
Coniglio alle* spezie　　　　ウサギのスパイス風味

アッロースト ディ タッキーノ アッリ アローミ
Arrosto di tacchino agli* aromi　　七面鳥のロースト　香草風味

ヴィテッロ アル ソアーヴェ
Vitello al Soave*　　　　　仔牛のソアーヴェワイン風味

＊ " ～風味 " は原則として**単数名詞**で表されるが、香草や香料などのように複数の種類を使っている
場合は**複数名詞**（spezie, aromi, erbe）で表されるので < alle, agli > がつきます。
また、" ～ワイン風味 " は、< al + ワインの銘柄名 > で表されます。

2. 後に調理法や調理器具を表す単語が続くと"〜を使って調理した"という意味になります。

基礎編

スピーゴラ アル カルトッチョ
Spigola al cartoccio　　　　　　　スズキの包み焼き

パターテ アル フォルノ
Patate al forno　　　　　　　　　ジャガイモのオーブン焼き

ポッロ アッロ スピエード
Pollo allo spiedo　　　　　　　　鶏肉の串焼き

サルモーネ アッラ グリッリア
Salmone alla griglia　　　　　　　鮭の網焼き

フェーガト アイ フェッリ
Fegato ai ferri　　　　　　　　　レバーの網焼き

クロスターチェイ アル ヴァポーレ
Crostacei al vapore　　　　　　　甲殻類（エビ・カニ類）の蒸し物

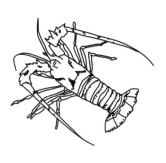

《 a 》+ 定冠詞　　　　　形の変化を覚えよう！

単数形

al　（= a + il）　＋ 男性名詞単数		Tagliatelle al tartufo
alla （= a + la）　＋ 女性名詞単数		Bavarese alla vaniglia
allo （= a + lo）　＋ 男性名詞単数（＜ s + 子音字 ＞、＜ gn, ps, x, z ＞で始まる）		
		Risotto allo zafferano
all'　（= a + l'）　＋ 単数名詞（母音字で始まる）		Spaghetti all'aglio

複数形

ai　（= a + i）　＋ 男性名詞複数		Tagliatelle ai gamberetti
alle （= a + le）　＋ 女性名詞複数		Coniglio alle spezie
agli （= a + gli）　＋ 男性名詞複数（母音字、または＜ s + 子音字 ＞、＜ gn, ps, x, z ＞で始まる）		
		Arrosto di tacchino agli aromi

| Lezione 6 | *Bruschetta alla romana* |

《 alla 》について

《 alla 》は《 a 》+ 定冠詞《 la 》が組み合わされたもので、後に次のような単語が続くと " ～風 " という意味になります。

alla +
① 地名（都市・州・国）の形容詞女性形単数
② 仕事名（由来する仕事）の形容詞女性形単数
③ 人名・店名（由来する人や店）

例をみてみよう。

ブルスケッタ アッラ ロマーナ Bruschetta <u>alla</u> romana	ローマ風ブルスケッタ
コトレッタ アッラ ミラネーゼ Cotoletta <u>alla</u> milanese	ミラノ風カツレツ
フェーガト ディ ヴィテッロ アッラ ヴェネツィアーナ Fegato di vitello <u>alla</u> veneziana	ヴェネツィア風仔牛のレバー
ビステッカ アッラ フィオレンティーナ Bistecca <u>alla</u> fiorentina	フィレンツェ風ビーフステーキ
タッリアテッレ アッラ ボロニェーゼ Tagliatelle <u>alla</u> bolognese	ボローニャ風タリアテッレ
ペスト アッラ ジェノヴェーゼ Pesto <u>alla</u> genovese	ジェノヴァ風ペースト
ブカティーニ アッラマトリチャーナ Bucatini <u>all'</u>amatriciana*	アマトリーチェ風ブカティーニ
アニョロッティ アッラ ピエモンテーゼ Agnolotti <u>alla</u> piemontese	ピエモンテ風アニョロッティ
カポナータ アッラ シチリアーナ Caponata <u>alla</u> siciliana	シチーリア風カポナータ
インサラータ アッラ グレーカ Insalata <u>alla</u> greca	ギリシャ風サラダ
スパゲッティ アッラ カルボナーラ Spaghetti <u>alla</u> carbonara	炭焼き風スパゲッティ
スパゲッティ アッラ ペスカトーラ Spaghetti <u>alla</u> pescatora	漁師風スパゲッティ
ピッツァ アッラ マリナーラ Pizza <u>alla</u> marinara	船乗り風ピッツァ
コニッリオ アッラ カッチャトーラ Coniglio <u>alla</u> cacciatora	ウサギの猟師風

＊ 後に母音字で始まる単語が続くと < all' > になり、続けて読みます。

26

Pasta alla Norma*　　　　　　　　　ノルマ風パスタ

Maccheroni alla Rossini**　　　　　　ロッシーニ風マカロニ

Pizza Margherita***　　　　　　　　　ピッツア マルゲリータ

Ribollita alla Enzo****　　　　　　　エンツォ風リボリータ

　＊ Norma：同名オペラの主人公の名前。　＊＊ Rossini：美食家で有名なイタリアの作曲家。
　＊＊＊ Margherita：19世紀末イタリアの王妃の名前。人名の場合は《 alla 》がないこともある。
　＊＊＊＊ Enzo：シエナのレストランのオーナーの名前。その店のオリジナル料理という意味。

その他の例）

Pollo alla diavola　　　　　　　　　鶏の悪魔風

Spaghetti alla puttanesca　　　　　　娼婦風スパゲッティ（p.108参照）

Penne all' arrabbiata　　　　　　　　ペンネ　アッラビアータ

Torta all' antica　　　　　　　　　　昔風ケーキ

Zuppa alla campagnola　　　　　　　田舎風スープ

コラム

Pizza　　ピッツァ

ピッツァはもともと小麦粉ベースの生地にラードやニンニク、塩などを加えて焼いたフォカッチャに近いものだったようである。トマトがペルーからイタリアに入って来たのは16世紀頃、トマトを使ったピッツァが登場したのは18世紀の終わり。ピッツァの人気はナポリで高まり、1830年頃に最初のPizzeria（ピッツァ専門店）がナポリで誕生する。それまでのピッツァは屋台で揚げたものだった。
1889年イタリア国王ウンベルト1世夫妻がナポリを訪問した際、人気のピッツァを所望した夫妻のために、ピッツァ職人Raffaele Espositoが3種類のピッツァを用意した。そのうちの2種は今でも人気のトマト、オレガノ、ニンニク、オイルを使ったPizza alla marinara*と、イタリアの三色旗の色をトマト、モッツァレッラチーズ、バジリコの「赤・白・緑」で表わしたPizza Margheritaである。
マルゲリータ王妃が大変気に入ったため王妃の名前が付いたと言われている。

焼き上がったナポリピッツァの特徴は、円形で生地が柔らかく、薄く、縁が膨らんでいること。2017年12月ナポリピッツァ職人の技がユネスコの世界無形文化遺産に登録された時、ナポリ中が歓喜に沸いた。普通ピッツァ はリストランテのメニューにはなくPizzeriaで食べる。

　　＊ alla marinara：「船乗り風」という意味だが、魚介類は一切入っていない。

27

| 参考 | **料理名は単数形？ 複数形？**

一般的に次のように表されています。

◆ 出来上がりの料理名（サラダ、スープなど）は、単数形が使われることが多い。

　　　　Insalata,　Zuppa,　Minestra,　Risotto,　Frittata ……

◆ 使われている材料が料理名に出ているときは・・・

　　　　基本的には１皿分作るのに必要な分量によって決まっている。
　　　　ただし、例外や慣習として決まっているものもある。

単数形： 魚介類　　　： spigola, orata, salmone, aragosta, astice
　　　　 肉、切り身： manzo, maiale, pollo, agnello, filetto, coscia*, petto**
　　　　 野菜　　　　： cavolo, rucola, zucca

　例）Aragosta alla griglia ／ Filetto di manzo al pepe verde

複数形： 小魚　　　　： acciughe, sarde
　　　　 小エビ類　　： gamberi, gamberetti, scampi
　　　　 貝類　　　　： cozze, vongole
　　　　 小型の鳥　　： quaglie 　　　　卵： uova
　　　　 野菜、キノコ類　： patate, melanzane, carote, cipolle, asparagi,
　　　　　　　　　　　　　　 spinaci, zucchine, funghi
　　　　 豆類　　　　： fave, fagioli, fagiolini, piselli, ceci, lenticchie
　　　　 果物　　　　： fragole, lamponi, mirtilli
　　　　 パスタ　　　： spaghetti, tagliatelle, lasagne, ravioli, gnocchi

　例）Spaghetti alle vongole ／ Gnocchi di patate

　　　　　　　　＊ coscia：coscio も使われる。　＊＊ petto：petti（複数）も使われる。

ひとくちメモ　　　　fiori di zucca？　カボチャの花？ズッキーニの花？

日本でも料理によく使われるようになったズッキーニ。でも辞書を引いてみると、zucchino（男性名詞）、zucchina（女性名詞）と両方出てくる。実はどちらも正しいのである。地方によって呼び方が違うのだとか…。これもイタリアのおおらかさ？ 当然、複数形は zucchini、zucchine。
ちなみに、fiori di zucca「カボチャの花」というのも実はズッキーニの花。もちろん fiori di zucchini と呼ぶ人もいる。雌花には実がついているので、ソースなどに混ぜて使うこともあるが、りっぱな雄花は中にアンチョビやチーズを詰めてフライにしたり、リコッタチーズを詰めてオーブン焼きにしたりする。

練習

1）右の料理名になるよう <a + 定冠詞> を変化させて入れてみよう。

① Saltimbocca .... romana　　　ローマ風サルティンボッカ
② Tagliatelle .... ragù　　　ミートソースのタリアテッレ
③ Omelette .... gamberetti　　　小エビ入りオムレツ
④ Penne .... gorgonzola　　　ゴルゴンゾーラ（であえた）のペンネ
⑤ Linguine .... scampi ed asparagi　　　アカザエビとアスパラガスのリングイーネ
⑥ Petti di pollo .... giapponese　　　鶏の胸肉　日本風
⑦ Costolette di agnello .... forno　　　仔羊の鞍下肉のオーブン焼き
⑧ Bistecca .... griglia　　　網焼きステーキ
⑨ Semifreddo .... caffè　　　コーヒー（風味）のセミフレッド
⑩ Bruschetta di pomodori .... aceto balsamico　　　トマトのブルスケッタ　バルサミコ酢風味

2）次の料理名を訳してみよう。

① Tagliatelle alle verdure
② Baccalà alla vicentina*
③ Orata al cartoccio
④ Anatra all'arancia
⑤ Brasato di manzo al Barolo
⑥ Carré di agnello alle erbe

（答えは別冊に）

＊ヴェーネト州の郷土料理。

Lezione 7　　Antipasto freddo / Pasta fredda

形容詞　《 freddo 》と《 fredda 》

形容詞の位置と変化

イタリア語の形容詞は、多くの場合名詞の後につき、男性名詞には形容詞男性形、女性名詞には形容詞女性形がつきます。形容詞の原形（辞書での形＝男性形）の語尾のほとんどは《 o 》で終わり、名詞の性と数に応じて変化します。*

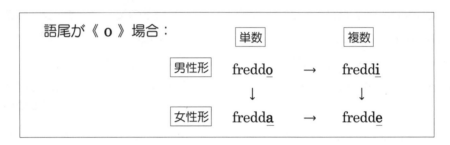

例） Antipasto freddo　　（男性形・単数）　　冷たい前菜
　　　アンティパスト フレッド
　　Pasta fredda　　（女性形・単数）　　冷製パスタ
　　　パスタ フレッダ
　　Insalata mista　　（女性形・単数）　　ミックスサラダ
　　　インサラータ ミスタ
　　vino rosso / vino bianco　　（男性形・単数）　　赤ワイン / 白ワイン
　　　ヴィーノ ロッソ　　ビアンコ
　　pomodori freschi　　（男性形・複数）　　フレッシュトマト
　　　ポモドーリ フレスキ
　　uve secche　　（女性形・複数）　　干しブドウ
　　　ウーヴェ セッケ

ただし、語尾が《 e 》で終わる形容詞もあります。**

例） pomodoro verde　　（男性形・単数）　→　pomodori verdi　　（男性形・複数）　緑のトマト
　　　ポモドーロ ヴェルデ　　　　　　　　　　　　ポモドーリ ヴェルディ
　　mela verde　　（女性形・単数）　→　mele verdi　　（女性形・複数）　青リンゴ
　　　メーラ ヴェルデ　　　　　　　　　　　　　メーレ ヴェルディ

　　　　　　　　　　　　　　＊　変化しない形容詞もある（p.36参照）　　＊＊ 右の表参照

参考 　　　## 料理名によくでてくる形容詞の変化表

基礎編

男性・単数形	男性・複数形	女性・単数形	女性・複数形	日本語訳
フレッド freddo	フレッディ freddi	フレッダ fredda	フレッデ fredde	冷たい
カルド caldo	カルディ caldi	カルダ calda	カルデ calde	熱い、温かい
ティエービド tiepido	ティエービディ tiepidi	ティエービダ tiepida	ティエービデ tiepide	生温かい
ミスト misto	ミスティ misti	ミスタ mista	ミステ miste	混ざった
リピエーノ ripieno	リピエーニ ripieni	リピエーナ ripiena	リピエーネ ripiene	詰め物をした
クルード crudo	クルーディ crudi	クルーダ cruda	クルーデ crude	生の
ノヴェッロ novello	ノヴェッリ novelli	ノヴェッラ novella	ノヴェッレ novelle	新しい
フレスコ fresco	フレスキ freschi	フレスカ fresca	フレスケ fresche	新鮮な、生の
セッコ secco	セッキ secchi	セッカ secca	セッケ secche	乾いた
ドルチェ dolce	ドルチ dolci	ドルチェ dolce	ドルチ dolci	甘い
ピッカンテ piccante	ピッカンティ piccanti	ピッカンテ piccante	ピッカンティ piccanti	ピリ辛の
クロッカンテ croccante	クロッカンティ croccanti	クロッカンテ croccante	クロッカンティ croccanti	カリカリの
ピッコロ piccolo	ピッコリ piccoli	ピッコラ piccola	ピッコレ piccole	小さい
グランデ grande	グランディ grandi	グランデ grande	グランディ grandi	大きい
ヴェルデ verde	ヴェルディ verdi	ヴェルデ verde	ヴェルディ verdi	緑色の
ロッソ rosso	ロッスィ rossi	ロッサ rossa	ロッセ rosse	赤い
ネーロ nero	ネーリ neri	ネーラ nera	ネーレ nere	黒い
ジャッロ giallo	ジャッリ gialli	ジャッラ gialla	ジャッレ giallc	黄色の
ビアンコ bianco	ビアンキ bianchi	ビアンカ bianca	ビアンケ bianche	白い

31

形容詞を料理名の中で使うとき

◆ 多くの場合、修飾する＜ **名詞の後、できるだけ近く** ＞に置きます。

　　　例）白インゲン豆のスープ　　　Minestrone di fagioli bianchi
　　　　　白インゲン豆の冷製スープ　Minestrone freddo di fagioli bianchi

◆ 2つの形容詞（名詞の前と後に分かれる）や、数字を使うときは、例外的に
　＜ **名詞の前** ＞に置くこともあります。

　　　例）小さい黄色のジャガイモ　　una piccola patata gialla
　　　　　4種類のチーズピザ　　　　Pizza ai quattro formaggi

コラム

Olive e olio di oliva*　　オリーブの実とオリーブオイル

イタリア全土で栽培されるオリーブ、その実はイタリア料理に欠かせないものだ。

Olive：塩漬け、あるいは香辛料を加えて塩漬けしたものは、前菜やソースに使ったり、ペースト状にしてカナッペにしたり、そのまま料理に使われる。Olive all'ascolana は、種を除いたオリーブの実の中に挽肉を詰め、パン粉をつけて揚げたマルケ州の代表的な料理である。

Olio di oliva：イタリア料理の基盤をなし、あらゆる料理に使われる植物油。特産地は北部のリグーリア州、中部のトスカーナとウンブリア州、南部のプーリア、カラブリア、シチリア州である。各地域の気候風土によって色・香り・風味が異なり、地元の料理とは切り離せない。オリーブオイルは一番搾りで化学処理を一切していない天然オイルと精製されたオイルに大きく分けられる。天然オイルの中でも、**Olio extravergine di oliva**（オーリオ・エクストラヴェルジネ・ディ・オリーヴァ）は、酸度が0.8％以下で、その個性を損なわないよう生のまま（crudo）使われる場合が多い。このオイルを使った料理には、塩と胡椒を加えて好みの味にして、新鮮な生野菜をつけて食べる Pinzimonio（ピンツィモーニオ）、日本でもおなじみの Spaghetti aglio, olio e peperoncino などがある。酸度が2.0％以下のものは、**Olio vergine di oliva** と呼ばれる。日本で「ピュア・オリーブオイル」と呼ばれるものは、酸度が高いものを精製したオリーブオイルと Olio vergine di oliva をブレンドし、酸度1.5％以下にしたものである。

＊ d'oliva とも言う（p.22参照）

練習

1）日本語に合うように右の形容詞を変化させ下線部分に書いてみよう。

① 黄ピーマン　　　　　　　　peperone ....　giallo

② 黒コショウ　　　　　　　　pepe ....　nero

③ 白トリュフ（複数）　　　　tartufi ....　bianco

④ 熱いスープ　　　　　　　　minestra ....　caldo

⑤ グリーンサラダ　　　　　　insalata ....　verde

⑥ ズッキーニの詰め物（複数）zucchini ....　ripieno

⑦ 乾燥キノコ（複数）　　　　funghi ....　secco

⑧ 生牡蠣（複数）　　　　　　ostriche ....　crudo

⑨ 新ジャガイモ（複数）　　　patate ....　novello

⑩ 小さな白玉ネギ　　　.. cipolla ....　piccolo, bianco

2）右の料理名に合うように下から形容詞を選び適切な形に直して書いてみよう。

① Pasta .... della casa*　　　当店特製の生（フレッシュ）パスタ

② Fritto .... di pesce　　　魚のミックスフライ

③ Peperoni ....　　　ピーマンの詰め物

④ Carne .... al limone　　　生肉のレモン風味

⑤ Risotto .... alla piemontese　　　ピエモンテ風赤いリゾット

⑥ Risotto .... al parmigiano　　　パルメザンチーズの白いリゾット

（ bianco, crudo, fresco, misto, ripieno, rosso ）

（答えは別冊に）

＊ della casa：当店特製の　　casa：家

33

Lezione 8   *Salmone marinato / Anguilla marinata*

過去分詞   《 marinato 》と《 marinata 》

marinato / marinata は動詞 < marinare >（マリネする）の過去分詞で、
" マリネした " という調理法を表します。
料理名では、このような過去分詞は名詞の後に置かれて<u>形容詞のはたらき</u>をし、形容詞
と同様に名詞の性と数に応じて語尾が -o, -i, -a, -e と変化します。(詳しくはp.36に)

例をみてみよう（下線部分が過去分詞）。

サルモーネ　マリナート
Salmone <u>marinato</u>　　　　　　　　　　鮭のマリネ

アングィッラ　マリナータ
Anguilla <u>marinata</u>　　　　　　　　　　ウナギのマリネ

サルモーネ　アッフミカート
Salmone <u>affumicato</u>　　　　　　　　　　スモークサーモン

マンゾ　ブラザート
Manzo <u>brasato</u>　　　　　　　　　　牛肉の蒸し煮

スピナーチ　サルターティ
Spinaci <u>saltati</u>　　　　　　　　　　ホウレン草のソテー

フンギ　トゥリフォラーティ
Funghi <u>trifolati</u>　　　　　　　　　　キノコのニンニクとパセリ炒め

カルチョーフィ　グラティナーティ
Carciofi <u>gratinati</u>*　　　　　　　　　　アーティチョークのグラタン

アラゴスタ　ボッリータ
Aragosta <u>bollita</u>　　　　　　　　　　ゆでた伊勢えび

パンナ　コッタ
Panna <u>cotta</u>　　　　　　　　　　パンナコッタ（加熱した生クリーム）

パターテ　フリッテ
Patate <u>fritte</u>　　　　　　　　　　フライドポテト

ファーヴェ　ストゥファーテ
Fave <u>stufate</u>　　　　　　　　　　ソラマメの蒸し煮

ウオーヴァ　アッフォガーテ
Uova <u>affogate</u>　　　　　　　　　　ポーチドエッグ

クワッリエ　ファルチーテ
Quaglie <u>farcite</u>　　　　　　　　　　うずらの詰め物

＊ gratinato は「グラタン」、または「パン粉焼き」とも訳す。

34

| 参考 |

料理名によくでてくる過去分詞表

基礎編

動詞の原形＊(不定詞)			過去分詞	
アッフォガーレ affogare	(軽くゆでる / おぼれ煮させる)	⟶	アッフォガート affogato	(軽くゆでた / おぼれ煮させた)
アッフミカーレ affumicare	(燻製にする)	⟶	アッフミカート affumicato	(燻製にした)
アッロスティーレ arrostire	(ローストする)	⟶	アッロスティート arrostito	(ローストした)
ブラザーレ brasare	(蒸し煮する)	⟶	ブラザート brasato	(蒸し煮にした)
ブルチャーレ bruciare	(焦がす)	⟶	ブルチャート bruciato	(焦がした)
ボッリーレ bollire	(ゆでる)	⟶	ボッリート bollito	(ゆでた)
クォーチェレ cuocere	(加熱調理する)	⟶	コット cotto	(加熱調理した)
ファルチーレ farcire	(詰め物をする)	⟶	ファルチート farcito	(詰め物をした)
フリッジェレ friggere	(フライにする)	⟶	フリット fritto	(フライにした)
グラティナーレ gratinare	(グラタンにする)	⟶	グラティナート gratinato	(グラタンにした)
グリッリアーレ grigliare	(網焼きにする)	⟶	グリッリアート grigliato	(網焼きにした)
レッサーレ lessare	(ゆでる)	⟶	レッサート lessato	(ゆでた)
マッキアーレ macchiare	(したたらせる)	⟶	マッキアート macchiato	(したたらせた)
マリナーレ marinare	(マリネする)	⟶	マリナート marinato	(マリネした)
サルターレ saltare	(ソテーする)	⟶	サルタート saltato	(ソテーした)
ストゥファーレ stufare	(煮込む)	⟶	ストゥファート stufato	(煮込んだ)
トゥリフォラーレ trifolare	(ニンニクとパセリで炒める)	⟶	トゥリフォラート trifolato	(ニンニクとパセリで炒めた)

＊ 原形：辞書に出ている見出し語の形。文法上は不定詞と言う。

1. 過去分詞の語尾の変化

原則として**語尾が《 o 》で終わる形容詞**と同じ変化をします。（p.30参照）

	単数		複数		
過去分詞の男性形	o	→	i	Pomodoro farcit<u>o</u> → Pomodori farcit<u>i</u>
過去分詞の女性形	a	→	e	Oca farcit<u>a</u> → Oche farcit<u>e</u>

ただし、主材料（名詞）の前に＜ **部位や切り方** ＞があるときは、その＜ **性と数** ＞に一致します。

・**Filetto** di manzo **salt<u>a</u>to**　→　**Filetti** di manzo **salt<u>a</u>ti**
　（男・単）　　　〔過去分詞・男・単〕　　（男・複）　　　〔過去分詞・男・複〕

・**Scaloppina** di vitello **salt<u>a</u>ta**　→　**Scaloppine** di vitello **salt<u>a</u>te**
　（女・単）　　　〔過去分詞・女・単〕　　（女・複）　　　〔過去分詞・女・複〕

2. 特殊な例

動詞《 **arrostire** 》の場合

① Pollo <u>arrostito</u>	② Pollo <u>arrosto</u>	③ <u>Arrosto</u> di pollo
（過去分詞）	（形容詞）	（名詞）
ローストした鶏	ローストした鶏	鶏のロースト

動詞《 arrostire 》（ローストする）には、"ローストした"という調理法を表すのに《 arrostito 》（過去分詞）と《 arrosto 》（形容詞）の2つがある。
どちらも使われるが、実際には形容詞《 arrosto 》を使うことが多い。
また、形容詞の《 arrosto 》は③のように名詞としても使われる。

形容詞《 arrosto 》は無変化！

　　例）Pollo <u>arrosto</u>
　　　　Aragosta <u>arrosto</u>
　　　　Pomodori <u>arrosto</u>

いつも同じ形だよ！

動詞《 lessare 》の場合

① Pollo lessato　　　　② Pollo lesso　　　　③ Lesso di pollo
　　（過去分詞）　　　　　　（形容詞）　　　　　　（名詞）
　ゆでた鶏肉　　　　　　　ゆでた鶏肉　　　　　　鶏のゆで肉

《 arrostire 》と同じように過去分詞と形容詞がある。形容詞の方がよく使われるが、**性と数は＜ 名詞の性と数 ＞に一致する**。また名詞として使われて料理名になることもある。

基礎編

３. 名詞になる過去分詞

いくつかの過去分詞は**名詞（料理名）**としても使われる。

例）（過去分詞）　　　（名詞）
　　brasato　　　　Brasato di manzo　　　牛肉の蒸し煮
　　bollito　　　　Bollito misto　　　　ゆで肉の盛り合わせ
　　fritto　　　　　Fritto di pesce　　　　魚のフライ

練習　右の過去分詞を変化させて下線部に入れ、全体を訳してみよう。

① Aringhe .... 　　　　　　　　　　　　(marinato)

② Polpo .... 　　　　　　　　　　　　　(affogato)

③ Funghi porcini .... 　　　　　　　　(fritto)

④ Fiori di zucchini .... 　　　　　　　(farcito)

⑤ Finocchi .... 　　　　　　　　　　　(gratinato)

⑥ Patate .... 　　　　　　　　　　　　(arrostito)

⑦ Salmone .... al rosmarino　　　　(grigliato)

⑧ Mele .... al vino rosso　　　　　　(cotto)

（答えは別冊に）

37

Lezione 9	*Risotto con i funghi*

前置詞 《 **con** 》について

多くの場合 < con + 定冠詞 + 名詞 > の形で使われ、「 ～入りの、～添え 」という
意味を表します。< con + 名詞 > の場合もあります。

例をみてみよう。

リゾット コ ニー フンギ
Risotto con i funghi

キノコのリゾット

パスタ コ ニー ル カヴォルフィオーレ
Pasta con il cavolfiore

カリフラワーのパスタ

フォカッチャ コン レ オリーヴェ
Focaccia con le olive

オリーブのフォカッチャ

パン ナ コッタ コン ラ フルッタ
Panna cotta con la frutta

パンナコッタ フルーツ添え

リゾット コン リ アスパーラジ
Risotto con gli asparagi

アスパラガスのリゾット

マイアーレ コ ニー チェーチ
Maiale con i ceci

豚肉のヒヨコマメ添え

フリッタータ コ ニー カルチョーフィ
Frittata con i carciofi

アーティチョークのオムレツ

ミネストラ ディ リーソ コン スピナーチ
Minestra di riso con spinaci

ホウレン草入り米のスープ

ブカティーニ コン カッペリ エ オリーヴェ
Bucatini con capperi e olive

ケーパーとオリーブのブカティーニ

タッキーノ コン カスターニェ エ サルスィッチャ
Tacchino con castagne e salsiccia

七面鳥の栗とソーセージ添え

フィレット ディ マンゾ コン サルサ アル バルサーミコ
Filetto di manzo con salsa al balsamico

牛フィレ肉 バルサミコソース添え

コ ショット ディ アニェッロ コン サルサ ディ アスパーラジ
Cosciotto di agnello con salsa di asparagi

仔羊のモモ肉 アスパラガスソース添え

パッパ コル ポモドーロ
Pappa col* pomodoro

トマト入りの粥

＊ 習慣的に定冠詞 < il, i > との結合形 < col, coi > が使われていることもあります。

　Pappa al pomodoro ということもあります。

＜ con ＞と＜ a ＞のニュアンスの違い

　　＜ con ＞　　単に入れたり、添えた場合
　　＜ a ＞　　　あえたり、混ぜ込んだ場合

ただし、メニューの書き手の主観でどちらも使われます。

　例）Risotto con i funghi　　キノコ（入り）のリゾット
　　　Risotto ai funghi　　　　キノコ（入り）のリゾット

練習　次の料理名を訳してみよう。

① Asparagi con uova
② Orecchiette con i broccoli
③ Frittata con patate e cipolle
④ Risotto con gli scampi
⑤ Pasta con le sarde alla siciliana

（答えは別冊に）

基礎編

コラム

Aceto balsamico　バルサミコ酢

「芳香がある酢」という意味。トレッビアーノ種などのブドウの絞り汁を煮て、添加物を一切加えず樽で熟成させた果実酢である。
Aceto Balsamico Tradizionale「伝統的なバルサミコ酢」は、熟成期間（最低12年）、ブドウの品種、製法などが細かく法律で定められている。様々な材質でできた大きさの違う一揃いの樽に、順々に移し変えて熟成させていく。
エミーリア・ロマーニャ州のモデナ産とレッジョ・エミーリア産だけが DOP* 認定を受けている。モデナ産の25年以上熟成したものは Stravecchio と呼ばれ珍重される。レッジョ・エミーリア産は 12、18、25年熟成の3段階に分けられる。どちらも長期熟成したものはとても高価で、チーズ（もちろん Parmigiano Reggiano!）のかけらやバニラアイスクリームや苺にそのまま数滴垂らすだけ。
一方、煮たブドウ汁にワインヴィネガーなど少量添加し、短い熟成期間で製造したものは Aceto Balsamico と呼ばれ、Tradizionale（トゥラディツィオナーレ）はつかない。これは直接サラダにかけたり、煮詰めてソースに仕上げれば、卵や肉料理の風味を際立てる。3年以上熟成させたモデナ産の Aceto Balsamico は IGP* 認定を受けている。

＊ DOP, IGP (p.127 参照)

Lezione 10　　　Tortellini in brodo

前置詞 《 in 》について

前置詞《 in 》は「料理の状態、ソース、調理した器具、包んだ素材」などを表します。

例をみてみよう。

トルテッリーニ イン ブロード
Tortellini in brodo　　　　　　　　トルテッリーニのスープ仕立て

モスカルディーニ イヌーミド
Moscardini in umido　　　　　　　　小ダコの煮込み

マイアーレ イナグロドルチェ
Maiale in agrodolce　　　　　　　　豚肉の甘酢仕立て

ウオーヴァ イン ジェラティーナ
Uova in gelatina　　　　　　　　　　卵のゼリー寄せ

メランザーネ イン サルサ ピッカンテ
Melanzane in salsa piccante　　　　ナスの辛口ソース（仕立て）

プロシュット イン クロスタ
Prosciutto in crosta　　　　　　　　ハムのパイ包み

ファジャーノ イン テッリーナ
Fagiano in terrina　　　　　　　　　キジのテリーヌ（仕立て）

カルチョーフィ イン テガーメ
Carciofi in tegame　　　　　　　　　アーティチョークの浅鍋炒め

ガンベリ イン パデッラ
Gamberi in padella　　　　　　　　　エビのフライパン焼き

1.《 in 》+ 料理名・調理の方法　　（ ～仕立て ）

in brodo	スープ（仕立て）
in insalata	サラダ（仕立て）
in guazzetto	（トマトを入れた）煮込み
in umido	煮込み、シチュー
in agrodolce	甘酢仕立て
in carpione	カルピーネ（特に魚を揚げてマリネしたもの）
in fonduta	フォンデュ
in crosta	～包み
in gelatina	ゼリー（仕立て、固め）
in terrina	テリーヌ（仕立て）

2.《 in 》+ salsa　（ ソース仕立て ）

in salsa verde / nera / piccante　　　グリーン / 黒い（イカ墨）/ 辛口 ソース
in salsa di pomodoro　　　　　　　　トマトソース

3.《 in 》+ 調理器具　（ 〜の中で調理した ）

in padella　　　フライパンで調理した
in tegame　　　浅鍋で調理した
in casseruola　シチュー鍋で調理した、煮込みにした

[練習]　次の料理名を訳してみよう。

① Uova in tegame
② Anguilla in umido
③ Rane in guazzetto
④ Coniglio in agrodolce
⑤ Calamari in salsa nera
⑥ Involtini di carne in gelatina
⑦ Arance in insalata alla siciliana

（答えは別冊に）

基礎編

ひとくちメモ　Tortellini（トルテッリーニ）と Cappelletti（カッペッレッティ）

どちらもエミーリア・ロマーニャ州の代表的な詰め物入りパスタ。トルテッリーニは、13世紀エミーリア地方の宿屋コローナの主人が、ある美しい女侯爵の部屋を覗いたところ、彼女のおへその形があまりに美しかったので、急いで厨房に走りパスタでそれを再現。ただ世間体を考えてヴィーナスのおへその形に似せて作ったとした、と言われている。ロマーニャ地方で生まれたカッペッレッティは、中世の人びとが被っていた「小さな帽子」に似ているのでこう呼ばれるようになった。二つのパスタの大きな違いは詰め物の中身。1974年ボローニャ商工農会議所に提出された内容によると、トルテッリーニの詰め物は豚ロース肉、ボローニャ産モルタデッラ、生ハム、パルミジャーノ・レッジャーノ、卵、ナツメグとされ、一方、カッペッレッティの詰め物は牛肉又は豚肉、卵、様々な野菜、リコッタチーズと微妙に異なる。トルテッリーニはカッペッレッティに比べるとやや小さく生地も薄い。両方とも多くはブロードに入れて食べる。

参考

料理名の書き方パターン表

[1] 料理名の構成要素

A　料理名

① 料理名

　　Insalata ／ Zuppa ／ Minestra ／ Risotto ／ Lasagne

② 料理名 ＋ 主材料　……　< **di** > でつなぐ

　　Insalata di pomodori ／ Zuppa di pesce

A'　料理名

① 主材料

　　pollo ／ maiale ／ manzo ／ maccheroni ／ spaghetti ／ uova

② 主材料 ＋ 産地名　……　< **di** > でつなぐ

　　radicchio di Treviso ／ porcini di Borgotaro ／ asparagi di Bassano

③ 主材料の部位 / 切り方 ＋ 主材料　……　< **di** > でつなぐ

　　filetto di maiale ／ carré di agnello ／ coscia (petti) di pollo

B　調理法

① 動詞の過去分詞

　　fritto ／ brasato ／ bollito ／ farcito ／ marinato

② 形容詞

　　freddo ／ caldo ／ crudo ／ misto ／ verde ／ nero ／ arrosto

③ < a > ＋ 定冠詞 ＋ 調理法 ／ 調理器具

　　al cartoccio ／ al forno ／ alla griglia ／ ai ferri

④ < in > ＋ 調理法 ／ 調理器具 ／ ソース

　　in agrodolce ／ in umido ／ in tegame ／ in padella

　　in salsa verde ／ in salsa piccante

C　副材料　（ 〜風味 ／ 〜入りの ／ 〜であえた ／ 〜添え ）

① < a > ＋ 定冠詞 ＋ 副材料 ／ 調味料　（ 〜風味 ／ 〜入りの ／ 〜であえた ）

　　al basilico ／ all' ananas ／ allo zafferano ／ al ragù ／ alle vongole

② < con > ＋（定冠詞）＋ 副材料　（ 〜入りの ／ 〜添え ）

　　con le noci ／ con patate fritte ／ con salsa ／ con crostini

| D | 地名（都市・州・国）、仕事名、人名・店名　（　〜風　） |

① ＜ alla ＞ ＋ 地名（都市・州・国）の形容詞女性形単数

　　alla greca / alla giapponese / alla piemontese / alla napoletana

② ＜ alla ＞ ＋ 仕事名（由来する仕事）の形容詞女性形単数

　　alla cacciatora / alla pescatora / alla carbonara

③ ＜ alla ＞ ＋ 人名・店名（由来する人や店）

　　alla Rossini / alla Escofier / alla Norma

[2] 料理名の書き方

・料理名は必ず A か A' から始める。 A と A' が組み合わされる場合もある。

・その後 B, C, D の順序で組み合わせる。ただし、 B, C, D が常にあるとは限らない。
　 C, D の順序が変わることもある。

・名詞と形容詞（過去分詞）の性と数の一致に気をつける。

A	Insalata / Insalata di pomodori
A + A'	Insalata di radicchio di Treviso
A + B	Minestra fredda / Risotto nero
A + C	Insalata di pomodori al basilico
A + B + C	Insalata verde con le noci
A + D	Agnolotti alla piemontese / Spaghetti alla pescatora
A' + B	Manzo brasato / Carré di agnello arrosto
	Filetto di salmone al cartoccio / Uova in tegame
A' + C	Filetto di maiale all'ananas / Spaghetti alle vongole
A' + D	Petti di pollo alla giapponese / Maccheroni alla Rossini
A' + B + C	Coscia di pollo alla griglia con patate fritte
A' + C + C'	San Pietro con salsa allo zafferano
A + D + C	Zuppa di pesce alla napoletana con crostini all'aglio

日本語訳は別冊 (p.2) 参照

基礎編

総合練習問題

1) 次の料理名を日本語に訳してみよう。

1. Carpaccio di tonno fresco

2. Gnocchi di patate ai quattro formaggi

3. Orecchiette con broccoli e acciughe

4. Calamari ripieni al forno

5. Polpo affogato alla napoletana

6. Carré di agnello arrosto al rosmarino

7. Filetto di manzo con fiori di zucca fritti

8. Bavarese alle pere con salsa al cioccolato

（答えは別冊に）

II) 次の日本語の料理名になるように、下の単語を並び替えてみよう。

基礎編

1. カリカリのパンチェッタ入り ポロネギのクリームスープ

(porri / di / croccante / crema / pancetta / con)

……………………………………………………………………………………………

2. 生トマトとペコリーノチーズのスパゲッティ

(pomodoro / spaghetti / e /crudo / con / pecorino)

……………………………………………………………………………………………

3. 鴨の燻製のサラダ　バルサミコ酢風味

(anatra / di / balsamico / insalata / all' / affumicata / aceto)

……………………………………………………………………………………………

4. 小エビの香草パン粉焼き（香草風味）

(gratinati / erbe / gamberetti / alle)

……………………………………………………………………………………………

5. 明石産鯛の塩包み焼き

(in / sale / orata / di / crosta / Akashi / di)

……………………………………………………………………………………………

6. 鶉(ウズラ)のイチジクとクルミ詰め

(fichi / con / farcite / noci / e / quaglie)

……………………………………………………………………………………………

7. 仔牛レバーの網焼き　キノコのソテー添え

(vitello / con / fegato / di / saltati / funghi / griglia / alla)

……………………………………………………………………………………………

8. 牛ほほ肉の赤ワイン煮

(vino / manzo / di / rosso / guancia / al / brasata)

……………………………………………………………………………………………

（答えは別冊に）

45

コラム

Frumento または Grano　　　小麦

イタリアの小麦は粒(胚乳)の固さで　硬質小麦 (grano duro) と
軟質小麦 (grano tenero) に分類される。

・硬質小麦粉 (semola di grano duro)：「デュラムセモリナ粉」とも呼ばれ、粒が非常に硬く、粒度が大きい。吸水性もよく、蛋白質含有量が多い。乾燥パスタ、イタリア南部の手打ちパスタ、パンなどに使われる。

　挽きが細かいものから順に　farina di semola (または semola rimacinata)、semolato、semola、semola integrale (全粒粉)

・軟質小麦粉 (farina di grano tenero)：硬質小麦に比べると粒が柔らかい。水分を吸いにくく、蛋白質含有量も少ない。卵入りパスタ、ピッツァ、フォカッチャ、パン、菓子などに使われる。この小麦粉は精製度と外皮の含有量によって分類される。

　精製度が高いものから順に　tipo 00 (タイプ 00)、tipo 0 (タイプ 0)、tipo 1 (タイプ 1)、tipo 2 (タイプ 2)、farina integrale (全粒粉)

☆ 日本では、小麦粉は含まれる蛋白質（グルテン）の量で分類され、含有量が少なく粘りが少ない順から、薄力粉、中力粉、強力粉となる。

Pasta　　　パスタ

パスタは大きく乾燥パスタ (pasta secca) と生パスタ (pasta fresca) に分かれる。

・工場生産の乾燥パスタは、イタリアの法律で硬質小麦粉100%でなければならない。形によってロングパスタ (pasta lunga)、ショートパスタ (pasta corta)、パスティーナ (pastina = スープに入れる小パスタ) などに分かれる。卵入りパスタ (pasta all'uovo) は、20世紀から工場生産も始まったが、生卵は入れられないので粉末の卵を加えて作る。最近は健康ブームで全粒粉パスタや小麦以外（カムット麦や米や豆など）の粉を使ったパスタ、グルテンフリーのパスタなども作られている。

・生パスタはイタリアの地方料理の特徴をよく表す。卵なしの粉と水のみのものと、卵入りのものに分かれる。軟質小麦粉と卵で作るパスタはエミーリア・ロマーニャ州を中心とした中、北部に多く、硬質小麦粉に水や卵を練り込んだパスタは南部に多い。コシをだすために軟質小麦粉に幾分かの硬質小麦粉を混ぜる場合もある。生パスタに肉やチーズや野菜を詰めた、詰め物入りパスタ (pasta ripiena) は中、北部に多い。

・調理法では、スープの中に入れるもの (pasta in brodo)、バターやソースなどで和えるもの (pasta asciutta*)、オーブン焼き (pasta gratinata) などがある。

＊pasta asciutta：「茹でて水きりしたパスタ」という意味。

応用編

リチェッタを読んでみよう

Bruschetta alla romana

Spaghetti alle vongole

Moscardini in umido

Filetto di manzo con salsa al marsala

Panna cotta con la frutta

☆ リチェッタのイタリア語の読み仮名は別冊(p.3〜)参照

Lezione 11　　*Bruschetta alla romana*

＜ リチェッタを読んでみよう 1 ＞

リチェッタは普通次のように書かれています。

（1）料理名

| **Bruschetta alla romana** | ローマ風ブルスケッタ |

ricetta（リチェッタ）とはイタリア語で「レシピ」という意味だよ

（2）時間

| Tempo di preparazione | 5 minuti | 準備時間　5分 |
| Tempo di cottura | 5 minuti | 調理時間　5分 |

（3）材料と分量

Ingredienti　per 4 persone	材料　4人分
4 fette di pane casareccio	自家製パン　　4切れ
2 pomodori da insalata	サラダ用トマト　2個
2 spicchi d'aglio	ニンニク　　2かけ
4 cucchiai di olio d'oliva	オリーブオイル　大さじ4
1 cucchiaino di capperi	ケーパー　　小さじ1
sale e pepe　　q.b.	塩とコショウ　適量

（4）手順

Fate tostare le fette di pane nel forno a 200°C per 5 minuti voltandole una volta. Sbucciate l'aglio e strofinate con uno spicchio ciascuna fetta da una sola parte. Affettate i pomodori e distribuiteli equamente sulle fette di pane, condite con sale, pepe, il restante aglio tritato con i capperi, completate con l'olio e servite.

全訳）
パン切れを200℃のオーブンで5分間、一度裏返してトーストする。
ニンニクの皮をむき、1かけをそれぞれのパン切れの片面にこすりつける。
トマトを薄切りにしてパン切れの上に均等に置き、塩とコショウ、ケーパーと一緒にみじん切りにした残りのニンニクで味付けし、オリーブオイルをかけて仕上げ、出す。

〔 解説 〕

（1）**料理名**　例）Spaghetti alle vongole　/　Moscardini in umido　/

Filetto di manzo con salsa al marsala　/　Panna cotta con la frutta

（2）**時間の表し方**　tempo di <u>preparazione</u>　/　di <u>cottura</u>　　準備時間 / 加熱時間

～ minuti　/　～ ora　　　　　　～分　/　～時間

（3）**材料と分量の表し方**　ingredienti　/　dosi　　　　　　材料　/　分量

per ～ persone　　　　　　　　～人分（ ～名分 ）

> 応用編

┌─────────────┐
│ 個数、本数など │
└─────────────┘

数字 + 材料（名詞）　または　材料（名詞）+ n.数字

2 pomodori　　または　　pomodori n.2　　　　トマト　　2個

1 spigola　　　または　　spigola n.1　　　　スズキ　　1尾

┌─────────────┐
│ g, kg, cl, ml など │
└─────────────┘

容量 + di + 材料（名詞）　または　材料（名詞）+ 容量

10 g (grammi) di farina　または　farina 10 g　　小麦粉　　　　10g

1 etto di pecorino　または　pecorino 1 etto　　ペコリーノチーズ　100g
　　（ etto：肉やハム、ペーストを計る時によく使う単位。1エットは100グラム ）

1 kg di manzo　または　manzo 1 kg　　　　牛肉　　　　　1kg

1 l di brodo　または　brodo 1 l　　　　　　スープ　　　　1 ℓ

1 dl di panna　または　panna 1 dl　　　　生クリーム　　1 dℓ

ただし、次のような書き方もある。

<u>un cucchiaio di</u> olio　　　　　大さじ一杯のオイル

<u>un cucchiaino di</u> sale　　　　小さじ一杯の塩

<u>una tazza di</u> farina　　　　　カップ一杯の小麦粉

<u>un bicchiere di</u> latte　　　　コップ一杯の牛乳

<u>un mestolo di</u> brodo　　　　レードル一杯のスープ

☆ もっといろいろな言い方があるよ　→　p.54

49

（4）手順の表し方　　**動詞の命令形か原形*（不定詞）で表されます。****
　　　　　　　　　　　ここでは命令形で表されています。

Fate tostare le fette di pane nel forno a 200℃ per 5 minuti voltandole una volta.

直訳）パン切れを200℃のオーブンで5分間、一度裏返しながらトーストしなさい。

・Fate tostare「トーストしなさい」　fare tostare の命令形。

・nel forno a 200℃「200℃のオーブンの中で」　　nel「～の中に（で）」(p.73参照)

・per 5 minuti「5分間」

・voltandole「（それらを）裏返しながら」

　　voltando は動詞 voltare のジェルンディオ。(p.53参照)　　le = le fette di pane

Sbucciate l'aglio e strofinate con uno spicchio ciascuna fetta da una sola parte.

直訳）ニンニクの皮をむきなさい、そして1かけでそれぞれのパン切れを片面だけこすりなさい。

・Sbucciate「皮をむきなさい」 / strofinate「こすりなさい」

　　sbucciare、strofinare の命令形。　　　　・e「そして」

・con「～で、～を使って、～と一緒に、と」　・uno spicchio「一かけ（のニンニク）」

・ciascuna fetta「それぞれのパン切れ」　・da una sola parte「片面だけ」

Affettate i pomodori e distribuiteli equamente sulle fette di pane, condite con

sale, pepe, il restante aglio tritato con i capperi, completate con l'olio e servite.

直訳）トマトを薄切りにして、パン切れの上に均等に置きなさい、塩とコショウ、ケーパーと一緒にみじん
　　　切りにした残りのニンニクで味付けしなさい、オリーブオイルをかけて仕上げ、出しなさい。

・distribuiteli「（それらを）置きなさい」distribuire の命令形。　li = i pomodori (p.53参照)

・equamente「均等に」　　　　　　・sulle「～の上に」(p.73参照)

・condite「味付けしなさい」　condire の命令形。

・il restante aglio tritato「みじん切りにした残りのニンニク」

・con i capperi「ケーパーと一緒に」

・completate「仕上げなさい」　completare の命令形。

・con l'olio「オイルで」　　　　　　・servite「出しなさい」　servire の命令形。

50

リチェッタの文の構成

《 基本型 》 動詞の命令形 + 目的語（名詞）　「 ～を ～しなさい 」

① Sbucciate　　　l'aglio
　　動詞の命令形　　目的語（名詞）
　　（皮むきしなさい）　（ニンニクを）

② Affettate　　　i pomodori
　　動詞の命令形　　目的語（名詞）
　　（薄切りにしなさい）　（トマトを）

③ Fate　tostare　le fette di pane
　動詞の　動詞の原形　目的語（名詞）
　命令形
　（トーストしなさい）　（パン切れを）

いくつかの動詞の前には③のように動詞 < fare（命令形：fate）> がつく時がありますが「 ～を ～しなさい 」、「 ～を ～させなさい 」と訳します。

例： Fate cuocere ～　　～を加熱調理しなさい（煮る、焼くなど）
　　 Fate scaldare ～　　～を温めなさい
　　 Fate aprire ～　　　（～の殻など）を開かせなさい

[読み方のポイント]

　　長い文の場合は、次のように分けるとわかりやすい（例：前ページ波線部分）。

　　　　strofinate 　< con uno spicchio > 　**ciascuna fetta** 　《 da una sola parte 》
　　　　　動詞　　　　　　　　　　　　　　　　目的語
　　　（こすりなさい）　　（1かけで）　　（それぞれのパン切れを）　（片面だけ）

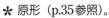

＊ 原形（p.35参照）。
＊＊ リチェッタでは命令形を使っても原形（不定詞）を使っても
　　同じ意味になり、通常「～する」と訳されます。

参考 　　　　　 **リチェッタによく出てくる動詞**

原形（　…　する　）	命令形（　…　しなさい　）
affettare （ 薄く切る ）	affettate （ 薄く切りなさい ）
aggiungere （ 加える ）	aggiungete （ 加えなさい ）
completare （ 仕上げる ）	completate （ 仕上げなさい ）
condire （ 味付けする、あえる ）	condite （ 味付けしなさい、あえなさい ）
coprire （ 蓋をする、覆う ）	coprite （ 蓋をしなさい、覆いなさい ）
cuocere （ 加熱調理する ）	cuocete （ 加熱調理しなさい ）
decorare （ 飾る ）	decorate （ 飾りなさい ）
grattugiare （ すりおろす ）	grattugiate （ すりおろしなさい ）
lavare （ 洗う ）	lavate （ 洗いなさい ）
lessare （ ゆでる ）	lessate （ ゆでなさい ）
mescolare （ 混ぜる ）	mescolate （ 混ぜなさい ）
mettere （ 置く、入れる ）	mettete （ 置きなさい、入れなさい ）
passare （ こす、裏ごしする、別の場所に移す ）	passate （ こしなさい、裏ごししなさい、別の場所に移しなさい ）
pelare （ 皮をむく、皮をはぐ ）	pelate （ 皮をむきなさい、皮をはぎなさい ）
pepare （ コショウをする ）	pepate （ コショウをしなさい ）
preparare （ 準備する ）	preparate （ 準備しなさい ）
pulire （ 掃除する、きれいにする ）	pulite （ 掃除しなさい、きれいにしなさい ）
rosolare （ きつね色に焼く ）	rosolate （ きつね色に焼きなさい ）
salare （ 塩をする ）	salate （ 塩をしなさい ）
sbucciare （ 皮をむく ）	sbucciate （ 皮をむきなさい ）
scolare （ 水気を切る ）	scolate （ 水気を切りなさい ）
servire （ 出す、供する ）	servite （ 出しなさい、供しなさい）
soffriggere （ 軽く炒める ）	soffriggete （ 軽く炒めなさい ）
svuotare （ 内臓、種などを取り除く ）	svuotate （ 内臓、種などを取り除きなさい ）
tagliare （ 切る ）	tagliate （ 切りなさい ）
tritare （ みじん切りする ）	tritate （ みじん切りしなさい ）
unire （ 合わせる、加える ）	unite （ 合わせなさい、加えなさい ）
versare （ 注ぐ ）	versate （ 注ぎなさい ）

リチェッタを読むためのキーワード（1）

◆ lo, li, la, le「それを、それらを」　　ci, vi「そこに」

リチェッタではできるだけ簡単に書くために、材料や場所を同じ言葉で繰り返さず、
< lo, li, la, le, ci, vi > を動詞の命令形、原形、ジェルンディオの後につけて表す。

Affettate **i pomodori** e distribuite**li**.
　　トマトを薄切りにし、そして（それらを）置きなさい。　　li = i pomodori

Fate tostare **le fette di pane** voltand**ole** una volta.
　　パン切れを一回（それらを）裏返してトーストしなさい。
　　　　le = le fette di pane　　voltando：voltare のジェルンディオ。

Eliminate il condimento rimasto **in padella**, versate**vi** il marsala.
　　フライパンの中に残った調味料を取り除き、（そこに）マルサーラワインを注ぎなさい。
　　　　vi = in padella

◆ ジェルンディオ「 ～しながら、～を使って、～の方法で 」

主となる文を説明する。動詞変化の一つで、動詞の語尾が変化したもの。

動詞の原形の語尾		ジェルンディオの語尾
‐ are	⟶	‐ ando
‐ ere	⟶	‐ endo
‐ ire	⟶	‐ endo

Mescolate il risotto <u>versando</u> altro brodo.　　残りのスープを<u>注ぎながら</u>リゾットを混ぜなさい。

Rosolate i filetti di manzo <u>aggiungendo</u> l'olio.　　オイルを<u>加えながら</u>牛フィレ肉をこんがり焼きなさい。

Servite la panna cotta <u>guarnendo</u> con la frutta.　　果物を<u>飾って</u>パンナコッタを出しなさい。

◆ 過去分詞「 ～された、～した 」

リチェッタでは前もって行われる作業を示すため過去分詞が使われる。

Aggiungete i funghi, <u>lavati</u> e <u>affettati</u>, con il trito di prezzemolo.
　　<u>洗って</u>（そして）<u>薄く切った</u>キノコをパセリのみじん切りと一緒に加えなさい。

また、Quando* è / sono**が省略されて「 ～されると 」「 ～されたら 」と訳されることもある。

<u>Cotta</u> la carne, toglietela dalla*** padella.　　肉が<u>焼けたら</u>、フライパンから（それを）取り出しなさい。

　　　　＊ Quando「～の時」　　＊＊ è / sono (p.83参照)　　＊＊＊ dalla (p.73参照)

応用編

参考

いろいろな材料と分量の表し方：

uno* spicchio d'aglio 　　　　　　　　　一かけのニンニク

una fetta di pane 　　　　　　　　　　　一切れのパン

una costa di sedano / un gambo di sedano　一本のセロリ

un cespo di lattuga 　　　　　　　　　　一株のレタス

una foglia di basilico 　　　　　　　　　一枚のバジル

un rametto di rosmarino 　　　　　　　　一枝のローズマリー

un mazzetto di rucola 　　　　　　　　　一束のルッコラ

una trancia** di salmone 　　　　　　　　一切れの鮭の切り身

un grappolo d'uva 　　　　　　　　　　　一房のぶどう

una bustina di lievito in polvere 　　　　膨らし粉　　　小袋 1

1 pollo di kg 1,5 circa 　　　　　　　　約1.5kgの鶏　　1羽

4 sogliole di 200 g l'una 　　　　　　　一尾200gの舌平目　　4尾

　　　　　＊ uno, una, un：1つの（不定冠詞単数）(p.73参照)
　　　　　＊＊ una trancia：1切れ（ un trancio を使うこともある。）

少量のものをあらわす言い方：

una manciata di prezzemolo 　　　　　　一つかみのパセリ（みじん切りか粉の状態）

un pugno di parmigiano grattugiato 　　　一つかみの粉パルメザンチーズ

un pizzico di sale / una presa di sale　一つまみの塩

un goccio di vino 　　　　　　　　　　　少量のワイン

una punta di peperoncino 　　　　　　　ごく少量のとうがらし

q.b. = quanto basta　適量　　　　sale e pepe q.b.　　塩とコショウ、適量

qualche　いくらかの　　　　qualche* foglia di basilico　バジル　数枚

alcuno　いくらかの　　　　alcune* foglie di basilico　バジル　数枚

　　　　　＊ < qualche > は無変化、後には必ず単数名詞がつく。
　　　　　　 < alcuno > は後の名詞の性と数に一致して変化する。

un cucchiaino di sale

una tazza di farina

un bicchiere di latte

un mestolo di brodo

uno spicchio d'aglio

una costa di sedano
(un gambo di sedano)

un rametto di rosmarino

una trancia di salmone
(un trancio di salmone)

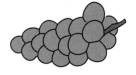
un grappolo d'uva

qualche foglia di basilico
(alcune foglie di basilico)

Lezione 12　　*Spaghetti alle vongole*

＜ リチェッタを読んでみよう ２ ＞

（１）料理名

Spaghetti alle vongole

アサリのスパゲッティ

（２）時間

Tempo di preparazione	5 minuti
Tempo di cottura	8 minuti

準備時間　5分

調理時間　8分

（３）材料と分量

Ingredienti per 4 persone
400 g di spaghetti
800 g di vongole
2 spicchi d'aglio
1 dl di olio d'oliva
una manciata di prezzemolo
sale e pepe q.b.

材料　4人分

スパゲッティ	400g
アサリ	800g
ニンニク	2かけ
オリーブオイル	1dℓ
イタリアンパセリ	一つかみ
塩とコショウ	適量

（４）手順

Lavate le vongole in abbondante acqua. Mettetele in un tegame con due spicchi d'aglio tritati e l'olio e fatele aprire a fuoco vivo.

Salatele, pepatele, cospargetele con una manciata di prezzemolo tritato; quando saranno tutte aperte ritirate il tegame dal fuoco.

Avrete intanto lessato gli spaghetti in abbondante acqua salata; scolateli e conditeli con le vongole.

全訳）

アサリをたっぷりの水で洗う。浅鍋に、みじん切りにしたニンニク2かけとオリーブオイルと一緒にアサリを入れて、強火にかけて殻を開ける。塩、コショウをして、みじん切りにしたイタリアンパセリ一つかみをふりかけ、すべてのアサリの殻が開いたら、浅鍋を火からおろす。その間に、たっぷりの塩水でスパゲッティをゆでる。水を切り、アサリとあえる。

〔 解説 〕

Lavate le vongole in abbondante acqua. Mettetele in un tegame con due
spicchi d'aglio tritati e l'olio e fatele aprire a fuoco vivo.

直訳） アサリをたっぷりの水で洗いなさい。浅鍋に、みじん切りにしたニンニク２かけと
オリーブオイルと一緒にアサリを入れなさい、強火で殻を開かせなさい。

応
用
編

・ Lavate 「 洗いなさい 」 lavare の命令形。

・ in abbondante acqua 「 たっぷりの水で 」

・ Mettetele 「（それらを）入れなさい 」 mettere の命令形。le = le vongole （p.53参照）

・ in un tegame 「 浅鍋に 」

・ con due spicchi d'aglio 「 ニンニク２かけと 」

・ tritati 「 みじん切りした 」 （p.53参照）

・ fatele aprire 「（それらを）開かせなさい 」 le = le vongole

・ a fuoco vivo 「 強火で 」

Salatele, pepatele, cospargetele con una manciata di prezzemolo tritato;
quando saranno tutte aperte ritirate il tegame dal fuoco.

直訳）（それらに）塩をし、コショウをして、みじん切りにしたイタリアンパセリーつかみをふり
かけなさい、すべてのアサリの殻が開いたら、浅鍋を火からおろしなさい。

・ salatele, pepatele 「（それらに）塩をしなさい、コショウをしなさい 」
salare, pepare の命令形。le = le vongole

・ cospargetele con 〜 「（それらに）〜をふりかけなさい 」　 le = le vongole

・ una manciata di prezzemolo tritato 「 みじん切りしたイタリアンパセリーつかみ 」

・ quando saranno tutte aperte「 すべてのアサリが開いたとき 」
quando 「 〜の時、〜したら 」
saranno aperte: essere aperto 「 開いている 」 の活用形。
tutte = tutte le vongole「 すべてのアサリ 」

・ ritirate 「 おろしなさい 」 ritirare の命令形。

・ dal fuoco 「 火から 」 dal = da + le 　（p.73参照）

57

> Avrete intanto lessato gli spaghetti in abbondante acqua salata; scolateli e conditeli con le vongole.
>
> 直訳）その間に、（あらかじめ）たっぷりの塩水でスパゲッティをゆでておきなさい。水を切り、アサリとあえなさい。

- intanto 「その間に、そうしている間に」
- Avrete lessato 「ゆでておきなさい」 avereの未来形＋過去分詞：未来のある時よりも前に完了しているだろう動作・状態を表す。リチェッタでは「（あらかじめ）〜しなさい」または「〜しておきなさい」と言う意味になる。
- scolateli 「水を切りなさい」 scolare の命令形。 li = gli spaghetti
- conditeli 「あえなさい」 condire の命令形。 li = gli spaghetti
- con le vongole 「アサリで」

ひとくちメモ　　　　bianco?　rosso?　白か？赤か？

これはトマトが入っているか、いないかということだ。特にあさりを使ったパスタや海の幸のパスタは"トマト入り"と"トマトなし"の2種類がある。地方やレストランによって違うがアサリのパスタは"トマトなし"が一般的のようだ。
"トマトなし"は 厳密には "Spaghetti alle vongole in bianco" と言われる。

リチェッタを読むためのキーワード （2）

◆ a（前置詞）　「 〜に、〜で 」

tagliare a dadini / a fette / a bastoncini　さいの目に / 薄切りに / 棒状に切る

a fuoco basso（lento, dolce）/ a fuoco medio / a fuoco vivo
弱火で / 中火で / 強火で

Lavorate a lungo.　　　　　　　　　　じっくりこねなさい。

Cuoceteli al* vapore.　　　　　　　　それらを蒸して調理しなさい。

Cuoceteli al dente.　　　　　　　　　それらをアルデンテにゆでなさい。

Passate le patate al setaccio.　　　　ジャガイモを裏ごししなさい。

Portate ad** ebollizione abbondante acqua.　たっぷりの水を沸騰させなさい。

＊ al （p.24参照）

＊＊ <a>は後に母音字がくると<ad>になることもある。

◆ con（前置詞）　「 〜と一緒に、〜で、〜を使って 」

Servite con crostini di pane.　　　　　クルトンと一緒に出しなさい。

Soffriggete il trito in un tegame con l'olio.　平鍋でみじん切りを油で軽く炒めなさい。

Sbattete con una frusta.　　　　　　　泡だて器で泡立てなさい。

◆ in（前置詞）　「 〜の中に、〜の中で、〜の状態の、〜の状態に、〜でできた 」

Lessate le patate in acqua salata.　　ジャガイモを塩水でゆでなさい。

Tagliate la mela in due.　　　　　　　リンゴを2つに切りなさい。

◆ per（前置詞）　「 〜の間、のために 」

per 5 minuti　5分間　　　　　per 6 persone　6人分（のために）

◆ sopra（前置詞）　「 〜の上に 」

Sopra il tavolo ci sono tre arance.　　テーブルの上にオレンジが3つある。

◆ sotto（前置詞）　「 〜の下に 」

Sotto il tavolo da lavoro c'è il frigorifero.　作業台の下に冷蔵庫がある。

◆ su（前置詞）　「 〜の上に 」

Su una spianatoia mettete la farina a fontana.　麺台の上に小麦粉を盛り、
中央をくぼませなさい。

応用編

59

Lezione 13　　*Moscardini in umido*

＜ リチェッタを読んでみよう ３ ＞

（１）料理名

Moscardini in umido	小ダコの煮込み

（２）時間

Tempo di preparazione　　20 minuti	準備時間　20分
Tempo di cottura　　1 ora e 30 minuti	調理時間　1時間 30分

（３）材料と分量

Ingredienti per 4 persone

		材料　4人分	
1 kg di moscardini		小ダコ	1kg
400 g di passata di pomodoro		トマトピューレ	400g
4 cucchiai di olio d'oliva		オリーブオイル	大さじ4
1 spicchio d'aglio		ニンニク	1かけ
1 peperoncino		唐辛子	1本
sale　　　　q.b.		塩	適量

（４）手順

Pulite i moscardini svuotandoli e privandoli degli occhi e del becco, lavateli e
batteteli con un batticarne.

Mettete in una casseruola di coccio l'olio, lo spicchio d'aglio sbucciato e
schiacciato, il peperoncino, la passata di pomodoro, qualche cucchiaio d'acqua
e i moscardini.

Salate, coprite con un foglio di carta da forno e con il coperchio, sopra il quale
metterete un peso, e fate cuocere per circa 1 ora e 30 minuti, a fuoco bassissimo,
scuotendo di tanto in tanto il recipiente affinché il contenuto non si attacchi
al fondo.

Togliete il coperchio e la carta da forno e servite.

全訳）

小ダコの内臓を取り除き、目と口を取り除いてきれいにして、洗い、肉たたきで叩く。

土鍋の中に、オリーブオイル、皮をむいてつぶしたニンニク、唐辛子、トマトピューレ、

水大さじ数杯と小ダコを入れる。

塩をして、クッキングシートと蓋で覆い、その上に重しをのせて、ごく弱火で約1時間半煮る。

時々鍋を揺り動かして、中身が底にくっつかないようにする。

蓋とクッキングシートを取り除いて出す。

応用編

〔解説〕

Pulite i moscardini svuotandoli e privandoli degli occhi e del becco, lavateli e batteteli con un batticarne.

直訳）内臓を取り除き、目と口を取り除いて小ダコをきれいにしなさい、洗い、肉たたきで叩きなさい。

・Pulite「きれいにしなさい」 pulire の命令形。
・svuotandoli「（それらから）内臓を取り除いて」 svuotare のジェルンディオ（p.53参照）
　　　li = i moscardini （p.53参照）
・privandoli degli occhi e del becco「目と口を取り除いて」 privare のジェルンディオ。
　　　privare A di B「AからBを取り除く」ここでは A は li（= moscardini）、
　　　B は gli occhi と il becco を指す。 degli / del （p.73参照）
・lavateli「（それらを）洗いなさい」 lavare の命令形。 li = i moscardini
・batteteli「たたきなさい、打ちなさい」 battere の命令形。 li = i moscardini
・con un batticarne「肉たたきで」

61

Mettete in una casseruola di coccio l'olio, lo spicchio d'aglio sbucciato e schiacciato, il peperoncino, la passata di pomodoro, qualche cucchiaio d'acqua e i moscardini.

直訳）土鍋の中に、オリーブオイル、皮をむいてつぶしたニンニク、唐辛子、トマトピューレ、
　　　水大さじ数杯と小ダコを入れなさい。

・Mettete「入れなさい」　mettere の命令形。

・in una casseruola di coccio「陶製の鍋の中に」

・lo spicchio d'aglio sbucciato e schiacciato「皮をむいてつぶしたニンニクのかけら」
　　　　sbucciato「皮をむいた」　　schiacciato「つぶした」　(p.53参照)

・qualche cucchiaio d'acqua「大さじ数杯の水」

Salate, coprite con un foglio di carta da forno e con il coperchio, sopra il quale metterete un peso, e fate cuocere per circa 1 ora e 30 minuti, a fuoco bassissimo, scuotendo di tanto in tanto il recipiente affinché il contenuto non si attacchi al fondo.

直訳）塩をしなさい、クッキングシートと蓋で覆いなさい、その上に重しをのせることになります、
　　　ごく弱火で約1時間半煮なさい、時々鍋を揺り動かしながら、中身が底にくっつかないように。

・Salate「塩をしなさい」　salare の命令形。

・coprite「覆いなさい、蓋をしなさい」　coprire の命令形。

・con un foglio di carta da forno「1枚のクッキングシートで」

・con il coperchio「蓋で」

・sopra il quale「その上に」

・metterete un peso「重しを置くことになります」　mettere の未来形。

・fate cuocere「煮なさい」　fare cuocere の命令形。　fare (p.51参照)

・per circa 1 ora e 30 minuti「約1時間30分の間」　　・circa「約、およそ」

・a fuoco bassissimo「ごく弱火で」

- scuotendo di tanto in tanto il recipiente「時々鍋を揺り動かしながら」

    scuotendo「揺り動かしながら」 scuotere のジェルンディオ。

    di tanto in tanto「時々」
- affinché「～するように、～するために」（p.72参照）
- il contenuto non si attacchi「中身がくっつかない」 attaccarsi の接続法（p.72参照）
- al fondo「底に」

応用編

Togliete il coperchio e la carta da forno e servite.

直訳）蓋とクッキングシートを取り除いて、出しなさい。

- Togliete「取り除きなさい」 togliere の命令形。
- servite「出しなさい、供しなさい」 servire の命令形。

ひとくちメモ　soffritto（ソッフリット）と battuto（バットゥート）

soffritto とは 動詞 soffriggere「軽く揚げる、軽く炒める」の過去分詞で、「炒めたもの」という意味。作る料理によって炒めるものは変わるが、ベースになるのは人参、玉ネギ、セロリで、それに香味野菜や生ベーコンなどが加わるときもある。みじん切りにする場合が多いが、ソースにする前に野菜つぶし器にかけるため大きめに切る場合もある。

一方、battuto は 動詞 battere「叩く」の過去分詞で、「叩き刻んだもの」という意味。パセリやセロリなどの野菜類やニンニク、また豚の背脂などを細かく刻んだもので薬味として使う。イタリアでは八百屋で買い物をすると、人参、玉ネギ、セロリ、パセリなど soffritto の基本的な材料をまとめた odori（オドーリ）をもらうことができる。

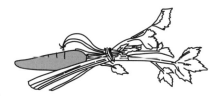

odori(オドーリ)

Lezione 14　*Filetto di manzo con salsa al marsala*

＜ リチェッタを読んでみよう 4 ＞

（1）料理名

| Filetto di manzo con salsa al marsala | 牛フィレ肉のマルサーラワインソース |

（2）時間

| Tempo di preparazione | 20 minuti | 準備時間　20分 |
| Tempo di cottura | 25 minuti | 調理時間　25分 |

（3）材料と分量

Ingredienti per 4 persone		材料　4人分	
600 g di filetto di manzo		牛フィレ肉	600g
30 g di burro		バター	30g
60 cl di olio di oliva		オリーブオイル	60cℓ
5 cucchiai di marsala		マルサーラワイン	大さじ5
15 cl di fondo bruno di vitello		フォン・ド・ヴォー	15cℓ
sale e pepe		塩とコショウ	

（4）手順

Tagliate il filetto in 4 medaglioni, legate ciascuno con spago da cucina, salateli e pepateli. Rosolateli in padella con 40 cl di olio a fuoco medio, 3-4 minuti per lato, aggiungendo il restante olio a metà cottura, quindi sgocciolateli e teneteli in caldo. Eliminate l'olio in eccesso dalla padella, versatevi il marsala e lasciatelo evaporare quasi interamente; unite il fondo bruno di vitello e riducetelo della metà. Rimettete nella padella i filetti slegati per insaporirli a fuoco medio per 2-3 minuti. Disponete i filetti nei piatti individuali caldi, spegnete il fuoco ed emulsionate la salsa incorporando gradatamente 30 g di burro a pezzetti, freddo di frigorifero. Versate la salsa sopra i filetti aiutandovi con un cucchiaio e serviteli guarniti con verdure cotte o crude.

全訳）

牛フィレ肉を4枚のメダイヨンに切り、切り身を一枚づつ調理用糸で結び、塩、コショウをする。フライパンでメダイヨンをオリーブオイル40cℓで片面3～4分間、調理の途中で残りのオリーブオイルを加えながら、中火でこんがり焼く。その後肉の汁気を切って、温かいところにとっておく。

フライパンに残った余分な油を取り除き、マルサーラワインを注いで汁気をほぼ全て蒸発させる。フォン・ド・ヴォーを加えて半分に煮詰める。糸を外したフィレ肉をフライパンにもどし、2～3分間中火にかけて味をなじませる。肉を温めためいめいの皿に並べ、フライパンの火を止めて、冷蔵庫で冷やして細かく切ったバター30gを少しずつ混ぜ合わせながらソースを乳化させる。スプーンで肉の上にソースを注ぎ、ゆでた野菜、または生野菜を添えて出す。

応用編

〔 解説 〕

Tagliate il filetto in 4 medaglioni, legate ciascuno con spago da cucina, salateli e pepateli. Rosolateli in padella con 40 cl di olio a fuoco medio, 3-4 minuti per lato, aggiungendo il restante olio a metà cottura, quindi sgocciolateli e teneteli in caldo.

直訳）　牛フィレ肉を4枚のメダイヨンに切りなさい、（切り身を）1枚ずつ調理用糸で結びなさい、塩、コショウをしなさい。フライパンでメダイヨンをオリーブオイル40cℓで片面3～4分間、中火でこんがり焼きなさい、調理の途中で残りのオリーブオイルを加えながら、その後肉の汁気を切りなさい、そして温かいところにとっておきなさい。

・Tagliate il filetto in 4 medaglioni「 フィレ肉を4枚のメダイヨンに切りなさい 」
　　　　tagliare の命令形。　 tagliare A in B「 AをBに切る 」

・legate「 縛りなさい 」 legare の命令形。

・ciascuno「 それぞれ 」　　　　　　・con spago da cucina「 調理用糸で 」

・salateli e pepateli「（それらに）塩をし、コショウをしなさい 」 salare, pepare の命令形。
　　　　li＝i medaglioni（p.53参照）

・rosolateli「（それらを）こんがり焼きなさい 」 rosolare の命令形。 li＝i medaglioni

・con 40 cl di olio「 40cℓ のオイルで 」

・a fuoco medio「 中火で 」　　　　・per lato「 片面 」

・aggiungendo「 加えながら 」 aggiungere のジェルンディオ。（p.53参照）

65

- a metà cottura「調理の途中で」　　　　・quindi「それから」
- sgocciolateli「汁気を切りなさい」　sgocciolare の命令形。　li = i medaglioni
- teneteli「とっておきなさい」　tenere の命令形。　li = i medaglioni
- in caldo「温かいところに」

Eliminate l'olio in eccesso dalla padella, versatevi il marsala e lasciatelo evaporare quasi interamente: unite il fondo bruno di vitello e riducetelo della metà. Rimettete nella padella i filetti slegati per insaporirli a fuoco medio per 2-3 minuti.

直訳）フライパンから余分な油を取り除きなさい、そこにマルサーラワインを注ぎなさい、そしてほぼ
　　　全ての汁気を蒸発させなさい。フォン・ド・ヴォーを加えなさい、そして半分に煮詰めなさい。
　　　糸を外したフィレ肉をフライパンにもどしなさい、2～3分間中火で味をなじませるために。

- Eliminate「取り除きなさい」　eliminare の命令形。
- in eccesso「余分な、過剰な」
- dalla padella「フライパンから」　dalla = da + la（p.73参照）
- versatevi il marsala「マルサーラワインを注ぎなさい」　versare の命令形。
　　　　　vi「そこに」（p.53参照）
- lasciatelo evaporare「蒸発させなさい」　lasciare の命令形。　lo = il marsala
　　　　　lasciare + 動詞の原形「～させる、～させておく」
- quasi interamente「ほぼすべて」
- unite il fondo bruno di vitello「フォン・ド・ヴォーを加えなさい」　unire の命令形。
- riducetelo「煮詰めなさい」　ridurre の命令形。　lo = il fondo
- della metà「半分に」
- Rimettete「もどしなさい、入れ直しなさい」　rimettere の命令形。
- nella padella「フライパンの中に」　nella = in + la（p.73参照）
- slegati「糸を外した」
- per insaporirli「味をなじませるために、味をつけるために」　li = i filetti

66

Disponete i filetti nei piatti individuali caldi, spegnete il fuoco ed emulsionate la salsa incorporando gradatamente 30g di burro a pezzetti, freddo di frigorifero. Versate la salsa sopra i filetti aiutandovi con un cucchiaio e serviteli guarniti con verdure cotte o crude.

応用編

直訳）フィレ肉を温めためいめいの皿に並べなさい、火を止めなさい、そしてソースを乳化させなさい、冷蔵庫の冷たさの細かく切ったバター30gを少しずつ混ぜ合わせながら。フィレ肉にスプーンを使ってソースを注ぎなさい、ゆでた野菜、または生野菜を添えて出しなさい。

- Disponete「並べなさい」 disporre「並べる、置く」の命令形。
- nei piatti individuali「めいめいの皿に」 nei = in + i（p.73参照）
- spegnete il fuoco「火を止めなさい」 spegnere の命令形。
- ed「そして」（p.23参照）
- emulsionate「乳化させなさい」 emulsionare の命令形。
- incorporando「混ぜ合わせながら」 incorporare のジェルンディオ。
- gradatamente「少しずつ」
- a pezzetti「細かく切った」　　・freddo di frigorifero「冷蔵庫の冷たさの」
- Versate「注ぎなさい」 versare の命令形。　　・sopra「～の上に」
- aiutandovi con ～「～を使いながら」 aiutarsi のジェルンディオ。
- serviteli「出しなさい」 servire の命令形。　　li = i filetti
- guarniti con ～「～を添えた、～付け合わせた」 guarnire の過去分詞。

 ひとくちメモ　　　　sale　塩について

イタリアの塩 sale は、粒の細かい fino（フィーノ）と粒の粗い grosso（グロッソ）に分かれる。有名な塩の産地はシチーリアのトラーパニだ。地中海の海水を天日で自然乾燥させて作った塩はミネラルが豊富で、味も丸みを帯びている。
粗塩はパスタや野菜を茹でたり、魚の塩漬けなどに使い、細粒塩は食卓の味の調整役を果たす。
イタリアで調合済みのドレッシングが日本ほど多く見られないのは、塩・コショウ・オイル・ヴィネガーを使い、各人が自分の好みでサラダの味付けをするからであろう。

Lezione 15　Panna cotta con la frutta

＜ リチェッタを読んでみよう ５ ＞

（１）料理名

Panna cotta con la frutta

パンナコッタ　フルーツ添え

（２）時間

Tempo di preparazione　30 minuti più
　i tempi di ammollo, raffreddamento e
　rassodamento
Tempo di cottura　　　10 minuti

準備時間　30分、さらに
　水に浸して戻し、冷やし、
　固める時間
調理時間　10分

（３）材料と分量

Ingredienti per 4 persone
　5 dl di panna liquida
　5 dl di latte intero
　150 g di zucchero a velo
　6 fogli di gelatina
　5 cucchiai di rum
　2 cucchiai di marsala dolce
　1 stecca di vaniglia
Per la guarnizione
　300 g di frutti di bosco / 1 kiwi

材料　4人分	
生クリーム	5dℓ
全乳	5dℓ
粉砂糖	150g
板ゼラチン	6枚
ラム酒	大さじ5
甘口マルサーラワイン	大さじ2
バニラスティック	1本
飾り用	
ベリー類　　300g　/　キウイ 1個	

（４）手順

Mettete la gelatina in ammollo in acqua fredda per 10 minuti.

Fate scaldare il latte in una casseruola, spegnete la fiamma, unite la gelatina
e fatela sciogliere mescolandola.

In un'altra casseruola mettete la panna con lo zucchero a velo e la vaniglia e
fatela riscaldare. Togliete la vaniglia, riunite in un unico recipiente la gelatina
sciolta e la panna con lo zucchero e diluite con il rum e il marsala.

Mescolate bene e versate in stampini individuali. Lasciate che la panna cotta
si raffreddi e mettetela a rassodare in frigorifero per almeno 3 ore.

Sformate i singoli stampini, dopo averli passati velocemente in acqua molto
calda, nei piatti individuali e servite la panna cotta guarnendola con la frutta.

全訳）

板ゼラチンを冷水に10分間漬けてもどす。キャセロールで牛乳を温め、火を止め、板ゼラチンを加えて、混ぜながら溶かす。

他のキャセロールに粉砂糖を加えた生クリームとバニラスティックを入れて温める。バニラスティックを取り除き、別な容器に溶かしたゼラチンと砂糖を加えた生クリームを合わせ、ラム酒とマルサーラワインを加える。よく混ぜて、それぞれの型に流し入れる。パンナコッタの熱が冷めたら少なくとも3時間冷蔵庫に入れて固める。型を熱い湯にさっと潜らせてパンナコッタを型からはずしてめいめいの皿に取り出し、果物を飾って出す。

応用編

〔 解説 〕

Mettete la gelatina in ammollo in acqua fredda per 10 minuti.
Fate scaldare il latte in una casseruola, spegnete la fiamma, unite la gelatina e fatela sciogliere mescolandola.

直訳）板ゼラチンを冷水に10分間漬けてもどしなさい。キャセロールで牛乳を温めなさい、火を止めなさい、板ゼラチンを加え、混ぜながら溶かしなさい。

・Mettete 〜 in ammollo「〜を浸してふやかしなさい」 mettere の命令形。
・in acqua fredda「冷水に」
・per 10 minuti「10分間」
・Fate scaldare「温めなさい」 fare scaldare の命令形。
・spegnete la fiamma「火を止めなさい」 spegnere の命令形。
・unite la gelatina「ゼラチンを加えなさい」 unire の命令形。
・fatela sciogliere「溶かしなさい」 fare sciogliere の命令形。　la = la gelatina
・mescolandola「混ぜながら」 mescolare のジェルンディオ。(p.53参照)
　　　la = la gelatina

69

In un'altra casseruola mettete la panna con lo zucchero a velo e la vaniglia

e fatela riscaldare. Togliete la vaniglia, riunite in un unico recipiente

la gelatina sciolta e la panna con lo zucchero e diluite con il rum e il marsala.

直訳）他のキャセロールに粉砂糖を加えた生クリームとバニラスティックを入れ、温めなさい。
　　　バニラスティックを取り除きなさい、ある一つの容器の中に合わせなさい、溶かしたゼラチン
　　　と砂糖を加えた生クリームを、そしてラム酒とマルサーラワインでのばしなさい。

・ In un'altra casseruola「 他のキャセロールに 」　altra「 他の、別の 」

・ la panna con lo zucchero a velo「 粉砂糖と一緒にした生クリーム 」

・ fatela riscaldare「 温めなさい 」　fare riscaldare の命令形。　　la = casseruola

・ riunite「 再び合わせる、一緒にする 」　riunire の命令形。

・ in un unico recipiente「 ある一つの容器の中に 」

・ sciolta「 溶けた 」

・ diluite con 〜「 〜でのばす、〜で割る 」　diluire の命令形。

Mescolate bene e versate in stampini individuali. Lasciate che la panna

cotta si raffreddi e mettetela a rassodare in frigorifero per almeno 3 ore.

直訳）よく混ぜて、それぞれの型に流し入れなさい。パンナコッタを冷ましておきなさい。
　　　少なくとも3時間冷蔵庫に入れて固めなさい。

・ Mescolate bene「 よく混ぜなさい 」　mescolare の命令形。

・ versate「 注ぎなさい 」　versare の命令形。

・ in stampini individuali「 それぞれの型に 」

・ Lasciate che 〜「 （〜する）ままにさせておきなさい 」　lasciare の命令形（ p.72参照 ）

・ si raffreddi「 冷える 」　接続法（p.72参照）

・ mettetela a rassodare「 固まるように置きなさい 」⇒「 固めなさい 」

　　　　la = la panna cotta

・ almeno「 少なくとも 」

70

Sformate i singoli stampini, dopo averli passati velocemente in acqua molto calda, nei piatti individuali e servite la panna cotta guarnendola con la frutta.

直訳）熱い湯にさっと潜らせた後、めいめいの皿にそれぞれの型から取り出しなさい、
　　　果物を添えてパンナコッタを出しなさい。

応用編

・Sformate i singoli stampini「それぞれの型から取り出しなさい」
　　　sformare の命令形。

・nei piatti individuali「めいめいの皿に」　nei = in + i (p.73参照)

・dopo aver<u>li</u> passati「潜らせたあとで」　　li = i stampini

・dopo「あとで」(p.72参照)　　　　　・velocemente「さっと」

・in acqua molto calda「とても熱い湯に」

・servite「出しなさい」　servire の命令形。

・guarnendo<u>la</u> con 〜「（それに）〜を添えて」　guarnire のジェルンディオ。

　　　la = la panna cotta

コラム

Pane　パンについて

地方色の強いイタリアはパンの種類も豊富で、各地に様々なパンがあるが、いずれも小麦粉、塩、水、イーストという最小限の材料で作られる簡素なものである。代表的なパンを挙げてみよう。

・grissini（グリッシーニ）：ピエモンテ州のトリノ発祥。
　　　　　　　細長いスティック状で、手作りの細いものほど高価。
・michetta（ミケッタ）：ロンバルディーア州のパン。別名 rosetta（ロゼッタ）。
　　　　　　　バラの形で中が空洞なパン。
・ciabatta（チャバッタ）：「スリッパ」という意味。ヴェーネト州中心に食される細長いパン。
・focaccia（フォカッチャ）：薄い平形パン。シンプルなジェノヴァのフォカッチャが有名。
　　　　　　　表面に玉ネギやオリーブなどをのせた変形も人気。
・pane toscano（トスカーノ）：無塩パンで、ribollita をはじめ郷土料理に欠かせない。
・frisella（フリゼッラ）と taralli（タラッリ）：プーリア州名物。フリゼッラはパンの切り口を水
　　　　　　　に浸した後、トマトなどをのせて食べる。タラッリは丸型のスナックのよう。
・pane carasau（カラザウ）：サルデーニャ州の超薄型パン。『楽譜の紙』とも呼ばれる。

71

リチェッタを読むためのキーワード （3）

◆ dopo「 〜の後で 」

　　Dopo aver lavato il pesce, pulitelo bene.　魚を洗った後、よく汚れを取り除きなさい。
　　dopo 5 minuti　　5分後

◆ fino「 〜まで 」/ fino a + 動詞の原形「 〜するまで 」

　　fino qui　　　ここまで

☆ < a >などの前置詞 と一緒に使う時もある。

　　fino ad* ebollizione　沸騰まで　　　　　fino a quando?　いつまで？

　　Impastate fino ad ottenere una pasta morbida e liscia.
　　柔らかく滑らかな生地になるまでこねなさい。　　　　　　　　　　＊ ad（p.59参照）

◆ senza「 〜なしに 」/ senza + 動詞の原形「 〜しないで 」

　　senza colorante　　着色料無し（無着色）

　　Fate rosolare 2 spicchi d'aglio, senza bruciarli.
　　ニンニク2かけを焦がさずに炒めなさい。

◆ quando「 〜の時 」

　　Quando il riso sarà quasi cotto, unite il formaggio.
　　米がほぼ煮えた時、チーズを加えなさい。

◆ finché / fino a che / fino a quando「 〜するまで 」（後の文が接続法になることもある）

　　Ripetete l'operazione finché l'acqua resta limpida.
　　水が透明になるまで作業を繰り返しなさい。

◆ その他　　次のような表現の後には接続法（波線部分：動詞の活用形の一つ）が使われる。

affinché「 〜するために、〜するように 」　　目的

　　Fate cuocere a fuoco vivo affinché il sugo si addensi.
　　ソースが煮詰まるように強火で煮なさい。

lasciate che 〜「 〜にさせておきなさい 」

　　Lasciate che la panna cotta si raffreddi.
　　パンナコッタが冷めるままにしておきなさい。⇒ パンナコッタの熱を取りなさい。

in modo che 〜「 〜するように 」

　　Mescolate i fegatini in modo che risultino ben dorati da tutte le parti.
　　全体がきれいにキツネ色になるように鶏のレバーを混ぜなさい。

◆ 前置詞 < a, da, di, in, su > と 定冠詞

これらの前置詞は後に定冠詞がくると次にようにつながります。

定冠詞	[単　　数]				[複　　数]		
	il	**la**	**lo**	**l'**	**i**	**le**	**gli**
a （〜に）	al	alla	allo	all'	ai	alle	agli
da（〜から）	dal	dalla	dallo	dall'	dai	dalle	dagli
di （〜の）	del	della	dello	dell'	dei	delle	degli
in （〜の中に）	nel	nella	nello	nell'	nei	nelle	negli
su （〜の上に）	sul	sulla	sullo	sull'	sui	sulle	sugli

前置詞 < con > の場合は後に定冠詞が来てもつながりません。
まれに < il, i > が続き、col (= con + il)、coi (= con + i) となることがあります。

◆ 冠詞の種類

イタリア語ではほぼすべての場合、名詞に冠詞がつけられます。

・定冠詞　　リチェッタの中の材料のように限定されたものや、すでに話しに出てきた物や人につけられ、「その」という意味を表す。料理名にも定冠詞が使われる。(p.20参照)
また、前置詞と結合してさまざまな形に変化する。（上記の表参照）

・不定冠詞　数えられる不特定の単数名詞につき「ある〜」「1つの〜」という意味を表す。

　　　un　：ほとんどの男性名詞につく。　　　　　　un caffè, un asparago, un astice

　　　uno　：< s + 子音 >、< gn, ps, x, z > で始まる男性名詞につく。

　　　　　　　　　　　　　　　　　　　　uno scampo, uno zuccotto

　　　una　：子音で始まる女性名詞につく。　　　una pizza, una casseruola

　　　un'　：母音で始まる女性名詞につく。　　　un'arancia, un'oliva

・部分冠詞　単数形は液体、粉末、切った肉の部位の一部などに使われ「いくらかの量」という意味を表す。複数形は数えられる名詞に使い、「いくつかの数」という意味を表す。
< di + 定冠詞 >の結合形で表され、del, della, dello …と上記の表と同じ変化をする。

　　例) 単数形　del burro, della birra, dello zucchero, dell'olio … 「いくらかの〜」
　　　　複数形　dei fagiolini, delle cozze, degli spinaci … 「いくつかの〜」

練習問題 次のリチェッタを訳してみよう。（下線部分は下の注を参照）

1. Pesto alla genovese

Ingredienti per 350 g
- olio extravergine di oliva　2 dl　　· pinoli sgusciati　　50 g
- Pecorino sardo　　　　　30 g　　· Grana grattugiato　30 g
- foglie di basilico ligure　50 g　　· sale grosso　　　　q.b.
- spicchi d'aglio　　　　　n. 1

1) Lavate le foglie di basilico e pulite l'aglio. Mettete i due aromi nel mortaio con un pizzico di sale grosso.

2) Con il pestello schiacciate il composto, facendo un movimento rotatorio. Aggiungete i pinoli e continuate a pestare, aggiungendo un po' alla volta i due formaggi.

3) Quando la pasta sarà fine ed omogenea, incorporate l'olio a filo, sempre mescolando, fino ad ottenere una salsa cremosa.

注 • （答えは別冊に）

2) pestello「乳棒」

facendo un movimento rotatorio「回転運動をしながら」⇒「円を描くように」

facendo：fare のジェルンディオ（p.53参照）

continuate a ～「～をし続けなさい」　　un po' alla volta「少しずつ」

3) Quando la pasta sarà fine ed omogenea「ペーストがきめ細かく、均一になったら」

quando「～時、～したら」（p.72参照）　　sarà：動詞 essere の未来形。

a filo「（液体を固形物などに）ゆっくりと糸を引くように」

mescolando：動詞 mescolare のジェルンディオ。

fino ad ottenere「～になるまで、～を得るまで」　　fino a（p.72参照）

74

２．Saltimbocca alla romana

Dosi per 4 persone
- 1/2 kg di polpa di vitello in 8 fettine
- 80 g circa di prosciutto crudo in 4 fette
- 40 g di burro
- 8 foglie di salvia

- vino bianco   q.b.
- pepe nero e sale   q.b.
- farina

応用編

1) Battete leggermente le fettine di vitello con il batticarne. Disponete su ogni fettina 1/2 fetta di prosciutto e una foglia di salvia, fermate il tutto con uno stecchino infilato a spillo.

2) Fate riscaldare il burro. Infarinate leggermente i saltimbocca. Rosolateli a fiamma viva da ambo le parti, iniziando dalla parte con la salvia. Salate e pepate solamente la parte opposta al prosciutto.

3) Sistemate la carne nel piatto di portata e togliete gli stecchini. Eliminate il burro in eccesso e deglassate con il vino. Aggiungete un goccio d'acqua nella padella, grattando il fondo di cottura con il cucchiaio di legno sul fuoco moderato. Versate la salsa sulla carne filtrandola e servite subito.

注 ・・・・・・・・・・・・・・・・・・・・・・・・・・・・・・・・・・・・（答えは別冊に）

in「 ～に 」(p.73参照)   fettine：fettina の複数。

1) Disponete：動詞 disporre の命令形。   ogni「 それぞれの 」
   fermate：動詞 fermare の命令形。   infilato a spillo「 ピンを刺すように留めた 」

2) Fate riscaldare：動詞 fare riscaldare の命令形。   da ambo le parti「 両側とも 」
   iniziando：動詞 iniziare のジェルンディオ。(p.53参照)
   dalla parte con la salvia「 セージをのせた側から 」   dalla (p.73参照)
   solamente「 ～だけ 」   opposta al ～「 ～とは反対の 」

3) in eccesso「 余分な 」   grattando：動詞 grattare のジェルンディオ。
   filtrandola：動詞 filtrare のジェルンディオ。   la = la salsa

75

コラム

Riso, Cereali e Legumi 米と穀物と豆類

Riso 米

パスタ王国と言われるイタリアだが、ヨーロッパーの米の生産国でもあり、北部のポー川流域は有数の米作地帯である。

米は種類でなく粒の大きい順に次のように分けられる。
- superfino：長型。Carnaroli種が有名。リゾットや付け合せやピラフに。
- fino　　　：長型。リゾットや付け合せに。
- semifino　：やや小さく丸型。Vialone nano種が有名。特にラツィオ州の名物料理 Supplìに。Timballo、Riso bollitoなどにも使われる。
- comune　（またはoriginario）：小さく丸型。菓子やスープに。

米料理の筆頭はリゾット。バターやチーズで和えてとろみをつけた (mantecato) リゾットはフォークを使って食べる。家庭での米料理では、体調が悪い時に食べるRiso in biancoや夏の定番Insalata di risoがある。最近はriso integrale (玄米) の消費も増え、アジア系のriso nero、riso rosso、riso basmati (バスマティ米) やアジア系の米を交配したVenere種などの新種も登場。

Altri Cereali その他の穀物

granoturco またはmais (トウモロコシ) の粉は一般的にfarina giallaとも呼ばれ、水で煮込んでpolenta (ポレンタ) にして食べることが多い。チーズを混ぜたPolenta conciaが有名。菓子やパンにも使われる。小麦が栽培できない寒冷地では、grano saraceno (そば) を栽培した。現在はアルプス山中のヴァルテッリーナ地方が産地である。Polenta taragnaやPizzoccheriが代表的料理。
farro (スペルト小麦) も前菜、スープ、サラダ、付け合せによく使われる。orzo (大麦) はスープ料理や粉にしてパンや菓子に使われるが、ローストしたものをコーヒーの代わりに飲むこともある。avena (カラス麦またはオーツ麦) や kamut (カムット麦) や quinoa (キノア) も様々な料理や菓子に、また、その粉をパスタやパンなどの材料に使うようになった。穀物ではないが、castagne (栗) も山岳地の大切な食料だった。farina dolceとも呼ばれる栗の粉は現在もパンや菓子に使われる。

Legumi 豆類

イタリア料理には豆もよく登場する。特にトスカーナ州では頻繁に豆を食べる。fagioli (インゲン豆) ではうずら豆に似たborlotti種と白いcannellini種が代表的。その他ceci (ヒヨコ豆またはエジプト豆)、lenticchie (レンズ豆)、piselli (エンドウ豆)、fave (ソラマメ豆)、fagioli di soia (大豆) など種類が豊富。豆はパスタや米、または野菜と一緒にスープにしたり、サラダや付け合せ、煮込み料理など用途も幅広い。代表的な料理はPasta e fagioli (パスタと豆のスープ) や Risi e bisi (グリーンピースが入ったリゾット)。

☆ 最近は健康志向ブームで食事に対する考え方が変わり、スーパーでも**BIO**(有機栽培)コーナーが増え、米や穀物や豆から作った飲料や、これらの粉から作ったパスタも出回っている。

会 話 編

あいさつ

市場へ

調理場での会話

レストランにて

本編は実際にトスカーナ地方の有名レストラン数軒を訪ねて、'現場から拾い上げた会話'で構成されています。イタリア語の読み仮名は別冊（p.11〜）に載せていますので参考にしてください。

Buongiorno.　こんにちは。

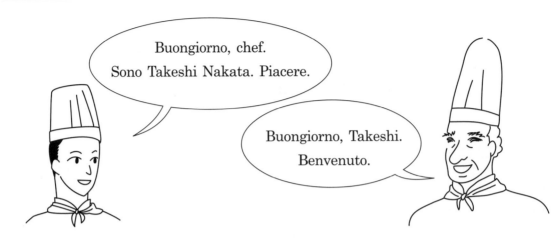

Sono Takeshi Nakata. Piacere.*　Benvenuto.
私はナカタ タケシです。よろしく。　ようこそ。

Buongiorno, signor Rossi.　こんにちは、ロッシさん。（男性に）
　　　　　　　signora Rossi.　こんにちは、ロッシさん。（既婚女性に）
　　　　　　　signorina Rossi.　こんにちは、ロッシさん。（未婚女性に）

Buonasera.　こんばんは。
Buonanotte.　おやすみなさい。
Arrivederci.　さようなら。（別れるときはいつでも）
Ciao.　やあ。／じゃあ、また。（親しい人どうしで）
Buona giornata!　よい一日を！

A presto.　／　A più tardi.　／　A domani.
また近いうちに。　のちほど。　また明日。

＊Piacere（p.99参照）

Come stai? 元気?

＊相手がシェフなので ＜ e Lei? ＞ と返している。

Come stai?　元気？（親しい相手に）

　　　　　　　　　　　　　　Bene grazie. E tu?
　　　　　　　　　　　　　　元気です、ありがとう。君はどうだい？

Come sta?　お元気ですか？（あらたまった相手に）

　　　　　　　　　　　　　　Bene grazie. E Lei?
　　　　　　　　　　　　　　元気です。ありがとうございます。あなたはいかがですか？

Come va?　（調子は）どうだい？　　　　Va bene.　良いです。
　　　　　　　　　　　　　　　　　　　Non va bene.　よくありません。

Grazie.　ありがとう。　　　　　　　　　Prego.　どういたしまして。
Scusi.　すみません。（謝る時）　　　　　Di niente.　何でもありません。
Scusi.　すみません。（相手を呼ぶ時）　　Sì, prego.　はい、なんでしょう？

イタリア語では、親しい人の間では ＜ tu ＞「きみ、おまえ」を、親しくない人や目上の人には ＜ Lei ＞「あなた」を使う。＜ Lei ＞ は男性にも、女性にも使う。呼び方によって動詞の形も変わってくる。

会話編

79

Andare al mercato

1) Dal fruttivendolo

F.	:	Buongiorno.
Takeshi	:	Buongiorno, vorrei dei fagiolini.
F.	:	Quanti?
Takeshi	:	Mezzo chilo
F.	:	Vuole qualcos'altro?
Takeshi	:	No, va bene così. Grazie.

2) Dal pescivendolo

P.	:	Buongiorno. Desidera?
Takeshi	:	Buongiorno. Cos'è questo?
P.	:	Questa è la coda di rospo. È buona da fare al forno.
Takeshi	:	Allora, una coda di rospo, per favore.

3) Dal macellaio

Takeshi	:	Buongiorno. Avete un coscio di maiale da fare arrosto?
M.	:	Per quante persone?
Takeshi	:	Per 6.
M.	:	Va bene questo?
Takeshi	:	Può farmi vedere quello accanto, per favore?
M.	:	Certamente. Eccolo.
Takeshi	:	Grazie. Va bene. Allora prendo quello lì.

4) Dal salumiere

Takeshi	:	Buongiorno. Due o tre etti di pecorino, per favore.
Sal.	:	Fresco o stagionato?
Takeshi	:	Da mangiare con i baccelli.
Sal.	:	Allora fresco. Va bene così?
Takeshi	:	Un po' di più, per favore.
Sal.	:	Così?
Takeshi	:	Sì. Va benissimo. Quant'è?

→ 下線部分の説明は (p.82)

市場へ

1）八百屋で

八百屋　　：　こんにちは。

タケシ　　：　こんにちは。サヤインゲンを下さい。

八百屋　　：　どれくらいですか？

タケシ　　：　500g お願いします。

八百屋　　：　他に何かいりますか？

タケシ　　：　これで結構です。ありがとう。

2）魚屋で

魚屋　　　：　こんにちは。何を差し上げましょう？

タケシ　　：　これは何ですか？

魚屋　　　：　これはアンコウです。オーブン焼きにいいですよ。

タケシ　　：　では1匹下さい。

3）肉屋で

タケシ　　：　こんにちは。ロースト用の豚のモモ肉はありますか？

肉屋　　　：　何人分ですか？

タケシ　　：　6 人分です。

肉屋　　　：　これでいいですか？

タケシ　　：　あの横の肉を見せてくれますか？

肉屋　　　：　もちろんです。どうぞ。

タケシ　　：　ありがとう。いいですね。ではそれを下さい。

4）食料品店で

タケシ　　：　こんにちは。ペコリーノ・チーズを 200 か 300g お願いします。

食料品屋　：　フレッシュですか、熟成したものですか？

タケシ　　：　ソラマメと一緒に食べたいのですが。

食料品屋　：　それならフレッシュですね。これ位の大きさでいいですか？

タケシ　　：　もう少し大きめにお願いします。

食料品屋　：　これ位ですか？

タケシ　　：　はい、丁度いいです。いくらですか？

[説明]　　市場へ

1）　Dal fruttivendolo：da + il + 職業名　　「〜屋で」
　　vorrei dei* fagiolini「サヤインゲンが欲しいのですが」

　　　　Vorrei + 名詞　　　　　　　　「〜が欲しいのですが」
　　　　Vorrei + 動詞の原形　　　　　「〜したいのですが」　　　＊ dei：冠詞（p.73 参照）

　　Quanti?「どれくらいですか？」　　　人や物の数や量を尋ねる。あとに続く名詞の性・数によって
　　　　　　　　　　　　　　　　　　　　　形が変わる。

quanto / quanta / quanti / quante　　どれくらいの、いくつの

　　　　Quanto costa?　　　　　「いくらですか？」（個々の品の値段）
　　　　Quant'è?　　　　　　　　「いくらですか？」（合計の金額）
　　　　Quanto tempo ci vuole?　「どれくらいかかりますか？」（時間）
　　　　Quanti minuti?　　　　　「何分？」

　　Vuole qualcos' altro?「他に何かいりますか？」

2）　Desidera?「何を差し上げましょうか？」店員の決まり文句。
　　Cos'è* questo?「これは何ですか？」　Cos'è quello?「あれは何ですか？」＊（p.93 参照）

questo・questa / questi・queste　これ / これら
quello・quella / quelli・quelle　あれ、それ / あれら、それら

　　Questa è「これは〜です」
　　È buona da fare al forno「オーブン焼きにするのに最適です」　　da 〜「〜用に」
　　〜, per favore「〜を下さい」「〜をお願いします」

3）　Avete un coscio di maiale? Avete：動詞 avere の活用形。（p.83 参照）
　　　　Avete + 名詞：「〜はありますか？」（p.107 参照）
　　da fare arrosto：「ロースト用の」　　da 〜「〜ための、〜用の」
　　Può + 動詞の原形：「〜していただけますか？」（p.107 参照）　　accanto「横の、そばの」
　　Eccolo「さあ、（これを）どうぞ」　　lo = quello（coscio）accanto　Ecco（p.106 参照）
　　prendo quello lì「あれを頂きます」

4）　due o tre etti di pecorino：o「または」　　etti：etto（= 100g）の複数形。
　　baccelli = fave（トスカーナの方言）
　　Un po' di più「もう少し多く、もう少し大きく」　　un po'「少し」（p.98 参照）

[関連表現]

　　Mi dia* 〜.「〜を下さい」（丁寧な言い方）　　　　　　　　＊ dia：動詞 dare の命令形。
　　　　Mi dia tre mele, per favore.「りんごを3個ください」

動詞《 essere 》と《 avere 》

essere 動詞　「～です」　英語の＜be＞動詞に相当し、主語によって形が変わります。

	主語代名詞	essereの変化
私	io (イーオ)	sono (ソーノ)
君	tu (トゥー)	sei (セーイ)
彼・彼女・あなた	lui / lei / Lei (ルーイ / レーイ / レーイ)	è (エッ)
私たち	noi (ノーイ)	siamo (スィアーモ)
君たち	voi (ヴォーイ)	siete (スィエーテ)
彼ら・彼女ら	loro (ローロ)	sono (ソーノ)

例）(Io) Sono giapponese.　　私は日本人です。
　　Lei è italiano.　　　　　　あなたはイタリア人です。

avere 動詞　「～を持っています」　英語の＜have＞動詞に相当します。

	主語代名詞	avereの変化
私	io (イーオ)	ho (オー)
君	tu (トゥー)	hai (アーイ)
彼・彼女・あなた	lui / lei / Lei (ルーイ / レーイ / レーイ)	ha (アー)
私たち	noi (ノーイ)	abbiamo (アッピアーモ)
君たち	voi (ヴォーイ)	avete (アヴェーテ)
彼ら・彼女ら	loro (ローロ)	hanno (アンノ)

例）(Io) Ho 25 anni.　　私は 25 歳です。
　　Ho un regalo.　　　プレゼントがあります。
　　Hai una domanda?　質問があるかい？

◆ 動詞の形から主語がわかるので＜io＞＜tu＞などは省略できます。
◆ 否定文は動詞の前に＜non＞をつけます。

　　例）(Io) Non sono italiano.　　私はイタリア人ではありません。

◆ essere 動詞を使った便利な表現「～がある、～がいる」

　　C'è　　　＋ 単数名詞　　C'è un pomodoro.　　トマトが1個ある。
　　Ci sono ＋ 複数名詞　　Ci sono dei pomodori.　トマトが数個ある。

調理場での会話

短い言葉のやりとりを覚えよう！

ブオンジョルノ ア トゥッティ
Buongiorno a tutti.
プロンティ
Pronti?
おはよう、皆さん。
準備はいいかい？

スィー ソーノ プロント プロンタ
Sì, sono pronto (pronta*).
はい、いいです。

ウン モメント ペル ファヴォーレ
Un momento, per favore.
ちょっと待ってください。

ケ チェッ ケ エッ スッチェッソ
Che c'è? / Che è succeso?
どうしたんだね？

ニエンテ トゥット ア ポスト
Niente, tutto a posto.
何でもありません、すべて順調です。

アッローラ コミンチャーモ
Allora, cominciamo.
さあ、始めよう。

スィー シェフ
Sì, chef.
はい、シェフ。

プレンディ レ ウオーヴァ
Prendi le uova.
卵を取って。

パッサミ ラ サルサ
Passami la salsa.
ソースを取って（渡して）。

スィー シェフ スービト
Sì, chef. Subito.
はい、シェフ。ただちに。

メッティ ピュー オーリオ ディ ピュー ディ ピュー
Metti più olio, di più, di più.
オイルをもっと入れろ、もっと、もっと。

リスカルダ ラ ズッパ
Riscalda la zuppa.
スープを温めて。

ロ ジャー ファット
L'ho già fatto.
もうやりました。

ジーラ ラ サルサ
Gira la salsa.
ソースをかき混ぜろ。

＊ pronta（女性の場合）

Va bene? うまく行ってるか？　　Sì, va bene. はい、うまく行ってます。
　　　　　　　　　　　　　　　No, non va bene. いいえ、ダメです。

(Tu) Capisci? わかるか？　　Sì, capisco. はい、わかります。

Hai capito? わかったか？　　Sì, ho capito. はい、わかりました。
　　　　　　　　　　　　　　　No, non ho capito. いいえ、わかりません。

Mi scusi, può ripetere ancora una volta, per favore?
すみません、もう一度言っていただけませんか？

Qualcuno può fare questo?　　Lo faccio io.
誰かこれをやってくれ？　　　　私がやります。

Chi ha fatto questo?　　L'ho fatto io.
これ、誰がしたんだ？　　私がやりました。

Attenzione. Non devi mai fare così.　　Mi scusi, chef. すみません、シェフ。
気をつけて。絶対こんなことしちゃダメだ。
　　　　　　　　　　　　　　　　　　　Mi perdoni. すみません。

　　　　　　　　　　　　　　　　　　　Ho capito, chef. Faccio attenzione.
　　　　　　　　　　　　　　　　　　　わかりました、シェフ。気をつけます。

会話編

Attenzione al fuoco! 火に気をつけて！ / Si brucia! こげるぞ！

Abbassa (Alza) la fiamma. 火力を下げろ（上げろ）。

(Fai) Attenzione! / (Stai) Attento! / Occhio! 気をつけて！

Presto! / Sbrigati! / Veloce! / Dai! 急げ！

Tranquillo. / Calmo. / Piano. 落ち着いて、ゆっくり、あわてないで。

Toglilo. / Levalo. それをどけろ。

Sì, chef.

85

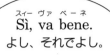

Sì, va bene.
よし、それでよし。

Va bene così, chef?
これでいいですか、シェフ？

No, non va bene. ダメだ。

Sì, non è male. 悪くない（よし）。

Va molto bene. とてもよい。

Sei preciso. お前は仕事がきちんとしている。

Perfetto. Ben fatto. 完璧だ。よくやった。

Bravissimo*! とても上手だ！

＊ Bravissima!（相手が女性の場合）

Posso fare una domanda?
質問していいですか？

Sì, certo. もちろんだ。

Che c'è? / Che cosa? 何だ？

Come posso fare?
どうすればいいのですか？

Ecco così. ほら、こうだ。

Fai così. こうするんだ。

Mi insegni come fare (per favore).
どうするのか教えてください。

Pensaci bene. よく考えて。

Guarda bene. よく見て。

Cosa devo fare?
何をすればいいですか？

86

Perché si usa questo*?
どうしてこれを使うのですか？

Perché senza limone, i carciofi anneriscono.
レモンを使わないと、アーティチョークが黒ずんでくるからだ。

C'è qualcosa da fare?
何かすることはありますか？

Vai a prendere le patate dalla cella frigorifera.
（冷温の）貯蔵庫からジャガイモを取ってきてくれ。

＊ここではレモンを指す。

Mi dispiace, ma non capisco. すみませんが、わかりません。

Non posso. できません。

Non ci riesco. できません。

È impossibile. 無理です。

Mi aiuti, per favore. 助けてください。

Accidenti! Ho sbagliato. しまった！失敗した。

Sono sfortunato (sfortunata)! / Che sfortuna! ついてない！

Meno male. / Ho avuto fortuna! / Che fortuna!
よかった。 やった！ ついてる！

Finalmente ho capito. やっとわかった。

Ce l'ho fatta!
できたぞ！

Preparazione

1) delle verdure

C.pa.* : Fai un soffritto. Sbuccia le cipolle e tagliale a fette sottili.

Takeshi : Sì, chef. L'ho fatto.

C.pa. : Allora portami una casseruola. Metti le cipolle e falle soffriggere con olio di oliva. Mi raccomando. Fai attenzione. Non bruciarle. Ogni tanto mescola con il mestolo.

Takeshi : Sarà fatto, chef.

C.pa. : Quando hai finito, pulisci i carciofi. Sai come fare?

Takeshi : Mi dispiace. Non l'ho mai fatto.

C.pa. : Adesso ti faccio vedere. Guardami bene. Prima togli le foglie esterne più dure. Poi spunta i carciofi a 2/3 della loro altezza. Parali bene. Poi tagli i gambi lasciandone 3-4 cm e sbucciali.

Takeshi : E poi?

C.pa. : Lava i carciofi accuratamente e mettili in acqua con limone. Se no i carciofi diventano scuri. Ora fallo tu.

→ 下線部分の説明は（p.92）

＊本書では便宜上、次のように簡略化して表示しています。

　　　Chef di partita（部門シェフ）　　　→　C.pa.
　　　Chef di antipasti（前菜担当シェフ）　→　C.a.
　　　Chef di primi（プリモ担当シェフ）　　→　C.p.
　　　Chef di secondi（セコンド担当シェフ）→　C.s.

下ごしらえ

1）野菜

部門シェフ ：ソッフリット*を作って。タマネギの皮をむいて、薄切りにして。

タケシ ：はい、シェフ。できました。

部門シェフ ：じゃあ鍋を持ってきて。タマネギを入れてオリーブオイルで炒めるんだ。

頼んだぞ。気をつけて。焦がさないように。

時々木杓子で混ぜるんだ。

タケシ ：もちろんです、シェフ。

部門シェフ ：終わったら、アーティチョークを下処理してくれ。どうするか知ってるか？

タケシ ：すみません、一度もしたことがありません。

部門シェフ ：今から見せるから、よく見て。まず外側の堅い葉を取り除く。そして2/3の高さで切り取るんだ。余分な葉を取り除いて、きれいにする。茎は付け根から3～4cm残して切り、皮をむく。

タケシ ：それから？

部門シェフ ：丁寧に洗って、レモン水に漬ける。そうしないとアーティチョークは黒ずんでくるんだ。さあ、やってごらん。

＊ソッフリット（p.63参照）

ひとくちメモ　　　brigata　調理場の人員構成

調理場の人員構成《 brigata 》の名称は、レストランの規模や格によっても異なるが、フランス語を使う場合が多い。あえてイタリア語に訳すと、料理長（ chef de cuisine ）は capocuoco、副料理長（ sous chef ）は sotto capocuoco、または secondo chef となる。
部門は《 partita 》と呼ばれ、部門シェフ（ chef de parti ）は cuoco di capo-partita となる。主な partita を担当するのは次のシェフたちだ。

・（ chef garde-manger ）chef di antipasti　：主に貯蔵庫の管理、前菜担当
・（ chef entremetier ）chef di primi　　　：主に卵、パスタ、スープ類担当
・（ chef saucier ）chef di secondi　　　　：主にソース、セコンド担当

さらに、菓子担当（ chef pâtissier ）の chef di pasticceria が加わることもある。
chef を手伝う commis は aiuto cuoco、研修生は tirocinante または stagista と呼ばれる。

2) delle verdure

C.pa.   : Takeshi, tornisci le carote e le rape e scottale per la guarnizione.

Takeshi : Sì, chef. Quanti minuti devono bollire?

C.pa.   : Non troppo. Bastano 2 minuti. Dopo le saltiamo nel burro.

Takeshi : Va bene, chef.

C.pa.   : Quando hai finito, lessa gli spinaci.

Takeshi : Sì, chef.

C.pa.   : Lavale bene. Ora prendi una pentola.

Takeshi : Quale pentola? Questa piccola o quella grande?

C.pa.   : Quella grande. Quando l'acqua bolle, prima metti il sale poi gli spinaci. Non mettere il coperchio.

Takeshi : Va bene così?

C.pa.   : Sì, perfetto. Adesso scolali e mettili in acqua e ghiaccio. Quando sono freddi, scolali di nuovo.

Takeshi : Sì, chef.

3) della pasta fresca

C.pa.   : Ora prepara gli strozzapreti.

Takeshi : Mi scusi, chef, ma che cosa sono gli strozzapreti?

C.pa.   : Sono un tipo di pasta fatta con farina, acqua e sale. Fai una fontana con la farina, metti gli altri ingredienti e impasta tutto.

Takeshi : D'accordo.

→ 下線部分の説明は (p.93)

2）野菜

部門シェフ ： タケシ、飾り用に、人参とカブを面取りして軽く下ゆでして。

タケシ ： はい、シェフ。何分くらいゆでたらいいですか？

部門シェフ ： ゆで過ぎないように。2分で十分だ。後でバターでソテーするからね。

タケシ ： わかりました。

部門シェフ ： 終わったら、ホウレン草をゆでてくれ。

タケシ ： わかりました。

部門シェフ ： きれいに洗うんだぞ。さあ、鍋をとって。

タケシ ： どの鍋ですか？ この小さいのですか、それともあの大きいのですか？

部門シェフ ： あの大鍋だ。湯が沸騰したら、まず塩を入れて、それから

ホウレン草を入れるんだ。蓋をしてはいけないよ。

タケシ ： これでいいですか？

部門シェフ ： 完璧だ。じゃあ水切りして、氷水にとって。

熱が取れたら、また水切りするんだ。

タケシ ： わかりました。

3）生パスタ

部門シェフ ： では、ストロッツァプレーティを準備して。

タケシ ： すみません、シェフ、ストロッツァプレーティって何ですか？

部門シェフ ： 小麦粉と水と塩でできたパスタの一種だよ。小麦粉を盛ってくぼみをつくり、

他の材料を入れてすべてをこねなさい。

タケシ ： わかりました。

91

説明　下ごしらえ

1) Fai un soffritto : fai「～を作りなさい、～しなさい」　動詞 fare の命令形。

動詞 fare は会話でよく使われる。

Come si fa?*	「どうするのですか？」
Fai così.	「こうしなさい」
Lo faccio io**.	「私が（それを）します」

* 　覚えておくと便利なよく使うフレーズ。

** 普通、主語の < io > は省略されるがここでは「私が」を強調するため動詞の後に置かれている。

tagliale「（それを）切りなさい」　　le = le cipolle　（p.53参照）

L'ho fatto「それをしました」　l'ho = lo + ho　lo「それを」　玉ネギを切って炒めること。
　　　fatto：動詞 fare の過去分詞。

portami ～「～を（私に）持ってこい」　　mi「私に」　　Prendimi ～「～を取って」

falle soffriggere「（それを）炒めなさい」　　le = le cipolle　　falle = fai + le

Mi raccomando「頼んだぞ」　　Ogni tanto「時々」

Non bruciarle*「（それを）こがすな」　　le = le cipolle
　　* Non＋動詞の原形「～するな」：tu（親しい人）に対する禁止の表し方。

Sarà fatto「されるでしょう」　ここでは「おっしゃるとおりにします」という意味。

Quando hai finito「終わったら」

Sai come fare?「どうするか知ってるか？」　　Sai ～「～を知ってるか？」

Non l'ho mai fatto：mai「これまで一度も～したことがない」

順番や時間の流れの表し方

prima (di tutto)「まず」		poi 「それから」	
dopo 「後で」		dopodiché 「その後で」	
adesso / ora 「今」		di nuovo 「再び」	
ancora 「まだ、もう一度」		già 「すでに」	

ti faccio vedere: ti「君に」　　fare vedere「見せる」

della loro altezza: della「～の」、loro「それらの」、altezza「高さ」

Se no (= Sennò, Altrimenti)「そうでなければ」

fallo tu: fallo = fai + lo　lo「それを」今まで見てきた下ごしらえを指す。　tu：「君が」を強調。

2) tornisci: tornire「面取りをする」の活用形。

Non troppo「過ぎないように」　　troppo「あまりにも多くの～」（p.98参照）
　　non tanto「多くない」、non poco「少なくない」、non male「悪くない」

92

Bastano 2 minuti「２分で十分である、足りる」　　bastano：動詞 bastare「足りる」の活用形。

　　Basta!「もう十分！」「いらない！」「やめろ！」という意味。

Quale pentola?: quale + 名詞？「どの〜？」

３）<u>Che cosa</u> è（sono）〜?「〜とは何ですか？」**Che cosa** / **Che** / **Cosa**「何」

Che cosa è?　　　→ Che cos'è*?　　　　「何ですか？」

Che cos'è questo? → Cos'è questo**?　「これは何ですか？」

Che cosa facciamo?　　　　　　　　　「何をしましょうか？」

　　　　　　　　＊短縮形　＊＊省略形　どちらも会話でよく使う。

---

un tipo di 〜「ある〜、〜の一種」

Fai una fontana「（粉などを盛り）中央をくぼませなさい」　　fontana「泉」

D'accordo「了解です」「ＯＫ」

現場の声

〜スィニョール佐藤のつぶやき　その１〜

私は現在*、フィレンツェのある老舗レストランで料理長として働いてます。今回は研修生（stagista）時代の経験を少しお話ししたいと思います。

研修生時代に一番大切だと感じたのは、やはり‘言葉’です。仕事をもらえるかどうかは、言葉ができるかどうかで決まります。言葉ができないと、"Prendi due carote."「ニンジン２本取って！」の使い走りで終わってしまいます。なんとか頑張って１、２週間でこの状態を終えれば、調理の具体的な技術を "Fai così."「こうしろよ。」と、見せてくれるようになります。

私は、興味がある作業をしているコックさんを見つけると、それまで自分が作業をしていた部門のコックさんに、"Posso（aiutare di là）?"「（向こうを手伝っても）いい？」と言って一旦その部門を離れ、目当てのコックさんの所に行って、"Possiamo（farlo）insieme?"「一緒に（それをしても）いいですか？」と尋ねていました。大抵のイタリア人コックは "Certo." "Facciamolo insieme."「もちろんだ。」「一緒にしよう。」と、快く迎えてくれます。一緒に作業をする中で "Così? Così?"「こうですか？ こうですか？」と尋ねながら、一生懸命そのコックさんの真似をして技術を学んでいきました。研修生時代には、次の言葉をよく使っていました。

　"Posso assaggiare?"　　　　「味見してもいい？」

　"Che cosa c'è dentro?"　　　「中に何が入っているの？」　→　これでレシピを盗む。

　"C'è qualcosa（da fare）?"「何かすることはある？」　→　仕事を積極的に探す。

　"Possiamo（farlo）insieme?"「一緒に（その作業を）してもいいですか？」

最初は、なかなか "Non ho capito." "Non capisco."「わかりません」が言えず、代わりに "Scusami, ancora（una volta）per favore."「すみません。もう一度お願いします。」と言って、よく聞き返したものです。どんな言葉を使ってもいいので自分の意思を相手に伝えること、これが大切だと思います。

　　　　　　　　　　　　　　　　　　　　　　　　　　＊2012年当時

イタリア語の読み仮名は別冊（p.13）参照

会話編

93

Preparazione

4) del pesce

Takeshi : <u>Che facciamo</u> con questo pesce?

C.pa. : Prima di tutto, togli le interiora e <u>lavalo</u> bene, poi <u>sfilettalo</u>.

Takeshi : Sì, chef. E dopo?

C.pa. : Mettilo <u>nel</u> frigo e lascia le lische per il fumetto.

Takeshi : Va bene, chef.

---

5) della carne

C.pa. : <u>Mi prepari</u> le scaloppine per i saltimbocca alla romana?

　　　　　 <u>Lo sai fare</u>, <u>vero</u>?

Takeshi : Sì, certo. Quante scaloppine devo preparare?

C.pa. : 20 scaloppine.

Takeshi : <u>Dov'è</u> il batticarne?

C.pa. : È nel cassetto. <u>Vai a prenderlo</u>.

説明

1)　Che facciamo?　　　「何をしましょうか？、どうしましょうか？」
　　lava<u>lo</u> / sfiletta<u>lo</u>　「（それを）洗いなさい／（それを）おろしなさい」　　lo = il pesce
　　nel　　　　　　　　　「〜の中に」（p.73参照）

2)　Mi prepari?　　　　　「（私ために）下ごしらえをしてくれるかい？」
　　<u>Lo</u> sai fare?　　　　　「それができるかい？」　　lo = scaloppine の下ごしらえ。
　　　　Sai 〜　　　　　　「〜できるか？」
　　　〜, vero?　　　　　「〜、そうだね？」
　　Dov'è 〜?　　　　　　「〜はどこですか？」　　Dov'è：Dove + è（essere）の短縮形。
　　　　Dove vai?　　　「どこに行くのかい？」
　　　　Di dove sei?　　「どこの出身だい？」　　（Io）Sono di Kyoto.「京都（の）出身です」
　　Vai a prender<u>lo</u>　「（それを）取りに行け」　　lo = il batticarne
　　　　Va, Và, Vai：動詞 andare（行く）の活用形。

94

下ごしらえ

4）魚

タケシ　　　：シェフ、この魚はどうしましょうか？

部門シェフ　：まず、内臓を取ってよく洗い、おろすんだ。

タケシ　　　：はい、シェフ。それから？

部門シェフ　：冷蔵庫に入れて、骨はフュメ用にとっておきなさい。

タケシ　　　：わかりました、シェフ。

5）肉

部門シェフ　：ローマ風サルティンボッカ用のエスカロップの準備を頼むよ。できるだろう？

タケシ　　　：はい、もちろんです。何枚準備しなければなりませんか？

部門シェフ　：20枚だ。

タケシ　　　：肉たたきはどこですか？

部門シェフ　：引き出しの中だ。取りに行っておいで。

会話編

現場の声

〜スィニョール佐藤のつぶやき　その2〜

イタリア人は日本人のすることを"preciso"「正確」で、"non sbaglia"「間違いがない」と思っています。《日本人は仕事が速くてきれい》は、当り前。アーティチョークの下処理でも、イタリア人より早くてよりきれいにできなければ、彼らにとっては日本人を使う価値はないのです。私も自腹で野菜を買って、家で下ごしらえの練習をしていました。
仕事がうまくきれいにできなかった時は、イタリア人の先輩や同僚から、"Non sei giapponese. Sei italiano!"「お前は日本人じゃない、イタリア人だ！」と言われたものです。

イタリア語の読み仮名は別冊（p.14）参照

95

Svolgimento del lavoro in cucina

Cameriere : Arriva una nuova comanda. Tavolo 7. Due coperti.
 Un carpaccio e una ribollita. A seguire una lasagna alla bolognese.
 Seguono un brasato e un pollo alla cacciatora.

Cuochi : Va bene.

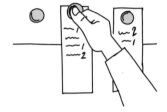

• • •

C.a. : (allo C.p.) Quanto tempo hai per la ribollita?

C.p. : 3 minuti. E tu, quanto?

C.a. : Ho bisogno di 5 minuti. Quando mancano 3 minuti, te lo dico.

[dopo 2 minuti]

C.a. : Ora mancano 3 minuti, andiamo.

C.p. : Va bene.

• • •

C.a. : Via il tavolo 7.

Cameriere : Pronti? (e porta via i piatti al tavolo 7.)

C.a. : (a tutti i cuochi) Escono un carpaccio e una ribollita.

Cuochi : Ok, va bene.

Cameriere : Fate marciare i secondi del tavolo 11.

C.s. : Va bene.

• • •

C.s. : Escono 2 ariste. Dai, veloce! Prendimi il piatto quadrato.

Takeshi : Sì, chef. Subito.

C.s. : Attenzione. Mettile per bene. Attento a non sporcare i bordi!!

Takeshi : Sì. Va bene così?

C.s. : Sì, va bene. Mandale al passe.

Takeshi : Sì. (Suona il campanello.)

→ 下線部分の説明は (p.100)

調理場内の流れ

給仕 ： 新しいオーダーが入ります。7番テーブル。2名です。

カルパッチョ1とリボッリータ1。それからボローニャ風ラザーニャ1。

続いてブラザート1と鶏の狩人風1です。

調理スタッフ ： わかりました。

・　・　・

前菜担当シェフ ： （プリモ担当シェフに）リボッリータにあとどれくらい時間がかかるかい？

プリモ担当シェフ ： 3分だ。そっちはどうだい？

前菜担当シェフ ： 5分必要だ。残り3分の時に君に知らせるよ。

〔2分後〕

前菜担当シェフ ： さあ、あと残り3分だ。いくぞ。

プリモ担当シェフ ： いいよ。

・　・　・

前菜担当シェフ ： 7番テーブル、出ます。

給仕 ： できましたか？（そして料理を7番テーブルに運ぶ。）

前菜担当シェフ ： （調理スタッフ全員に）カルパッチョ1とリボッリータ1が出ました。

調理スタッフ ： わかりました。

給仕 ： 11番テーブルのセコンドを出す用意をしてください。

セコンド担当シェフ ： わかりました。

・　・　・

セコンド担当シェフ ： アリスタ2つ出るぞ。さあ、急げ。四角い皿を取ってくれ。

タケシ ： はい、シェフ。すぐに。

セコンド担当シェフ ： 気をつけろ。きちんと盛り付けて。縁を汚さないように！

タケシ ： はい。これでいいですか？

セコンド担当シェフ ： よし、いいぞ。デシャップ台へ。

タケシ ： はい（ベルを鳴らす）。

会話編

Preparazione per domani

Chef : Ora, pensiamo all'ordinazione per domani.

Capo Sala : Domani abbiamo una prenotazione speciale, 6 persone, hanno
l'antipasto di frutti di mare, gli gnocchi alle cozze e pomodorini e
spigola in crosta di sale.

C.p. : Allora ordinate più patate e farina.

Chef : Che altro manca?

C.p. : Zucchini, basilico e pomodorini.

Chef : E per i secondi?

C.s. : 10 chili di Chianina, arista di maiale, spigole e sogliole per 15
persone.

Chef : Allora, mando un fax ai fornitori.

• • •

Chef : Abbiamo spento il gas e la luce? Controlliamo di nuovo. Tutto a posto?

Staff : Sì. Tutto a posto.

Chef : Bene. Allora, buonanotte. A domani.

Staff : Buonanotte, chef. A domani.

→ 下線部分の説明は（p.101）

よく使う便利な言葉　　tanto / poco / troppo / molto / più / meno

tanto 「非常に」/「多くの」 ⇔ poco 「あまり～でない」/「少しの」

　　Sono tanto felice. とても幸せだ。　　Ho poca fame. おなかがあまり空いていない。

un po'(= un poco)「少し」: Ho mangiato un po'. 少し食べました。

troppo 「あまりに」/「多すぎる」: troppo difficile 難しすぎる / troppa carne 多すぎる肉

molto 「とても」/「沢山の」: molto buono とても美味しい / molti errori 沢山の間違い

più 「より多く」 ⇔ meno 「より少なく」: più (meno) olio より多い（少ない）オイル

明日の準備

料理長	：さあ、明日の仕入れを考えよう。
給仕長	：明日は特別な予約が入っています。6名で、海の幸の前菜、ムール貝とプチトマトのニョッキ、スズキの塩包み焼きです。
プリモ担当シェフ	：ではジャガイモと小麦粉を多めにお願いします。
料理長	：ほかに足りないものは？
プリモ担当シェフ	：ズッキーニ、バジル、プチトマトもお願いします。
料理長	：セコンドはどうだい？
セコンド担当シェフ	：キアーナ産の牛肉10kg、アリスタ用の豚肉、そしてスズキと舌平目も15人分づつお願いします。
料理長	：では業者にファックスで連絡しておこう。

・・・

料理長	：ガスと電気を切ったか？もう一度確認しよう。全部片付いているか？
スタッフ	：はい。全部片付いてます。
料理長	：よし。では、おやすみなさい。また明日。
スタッフ	：さようなら、シェフ。また明日。

会話編

ひとくちメモ　"Piacere."「はじめまして、よろしく」

普通、初対面のイタリア人とかわす丁寧な挨拶は "Piacere."「はじめまして、よろしく」という言葉だ。相手も "Piacere mio." "Piacere."「こちらこそ。」と返してくる。状況によっては、"Benvenuto!"「ようこそ。」や "Lieto di conoscerLa."「お会いできて幸せです。」なども使う。親しさを増すごとに言葉の使い方も変わり、相手への呼び方も《Lei》「あなた」から《tu》「君」に変わっていく。
厨房内も同じで、シェフに対する呼び方はその状況に応じて変化する。本書では《chef》で統一したが、最初のうちは苗字や名前に敬称をつけて "Signor Rossi"、"Signor Fabio" と呼ぶこともある。厨房の規模にもよるが、人間関係が親しくなってくると、"Fabio" と名前だけになることもある。

| 説明 | 調理場内の流れ

comanda 「オーダー」 普通はシェフが読み上げるが、partita（部門の料理）に入っているときは
 給仕が読み上げることもある。

～ coperti 「～人分」 テーブルチャージという意味もある。 （p.15参照）

A seguire / seguono 「～に続いて」 最後の料理を指すときは per finire 「終わりに、最後に」。

brasato ＝ brasato di manzo

・　　・　　・

Quanto tempo hai per ～ ? ＝ Quanto tempo ci vuole per ～ ?
 「～にどれくらい時間がかかるか？」 部門の違う皿（例えば前菜とパスタ）を同時に出す
 場合、部門シェフ同士が時間を調整し合う。

E tu, quanto? ＝ E tu, di quanto tempo hai bisogno? 「君はどれだけ時間が必要か？」
 E tu come? 「君はどうだい？」 簡単な言い方。

Ho bisogno di ～ 「～が必要です」

Quando mancano 3 minuti 「3分足らずの時に」 ⇒ 「3分前に」

te lo dico 「君にそれを言うよ」

andiamo 「一緒にはじめよう」「行きましょう」 動詞andare 「行く」の活用形。

・　　・　　・

Via il tavolo 7 「7番テーブル、出ます」 ＜Via＞「さあ」「あっちへ」はよく会話に登場す
 る言葉だが、料理が出来上がり、給仕を呼ぶ時にも使う。ベル（campanello）を鳴らし
 て呼ぶこともある。

Escono ～ uscire 「出る」の活用形。
 料理が調理場から出るとき「～が出ます」、「～が出ました」と、通常担当シェフが料理人
 全員に告げて次の料理担当に引き継ぐ。その後どの料理が続くかを言う場合もある。
 例）前菜担当シェフ：**Uscito** un carpaccio. Seguono una lasagna e una ribollita.
 カルパッチョが出た。その後ラザーニャとリボッリータが続きます。

- -

Fate **marciare** 「すぐに出せる状態にしなさい」 ⇒ 「仕上げに入りなさい」
 動詞marciareは調理場では「すぐに出せる状態にある」という特殊な意味で使う
 （シェフや給仕がテーブル番号を告げて料理の仕上げを促す際）。本来の意味は「行進する、
 動く」。
 例）① **Marciano** i secondi del tavolo 7. 7番テーブルのセコンドが仕上げに入ります。
 ② Fate **marciare** i secondi del tavolo 7. 7番テーブルのセコンドを仕上げなさい。
 ☆ その他の言い方
 Quando vuoi. / Appena pronto. 出来次第出せ。

明日の準備

pensiamo all'ordinazione：pensare a ～「～を考える」

abbiamo：動詞 avere の活用形。　（p.83参照）

una prenotazione speciale「特別な予約」

hanno：動詞 avere の活用形。

Che altro manca?「他に何が足りないか？」　動詞 mancare「不足する、～がない」の活用形。

mando un fax：動詞 mandare「送る、発送する」の活用形。動詞 inviare を使う時もある。

・　　・　　・

spento：動詞 spegnere「消す、消火する、切る」の過去分詞。

　　　動詞 accendere は「点火する、つける」（過去分詞は acceso ）。

Tutto a posto.「すべて片付いている、すべてOK」

会話編

現場の声

～スィニョール佐藤のつぶやき　その3～

私は日本のレストランでの働きがそのままイタリアでも充分に活かせると確信しています。研修生ではなく、調理場のセクション（部門）内で、きちんと給料を払ってもらえる自分の場所（地位）を獲得したい、と強く思っていました。そうすれば、他人に甘えることなく、自分で考えて責任を果たす「仕事のやりがい」を感じることができるからです。

現在のフィレンツェのレストランで働き始めてまもなくの頃、オーナーが自分の思い通りにいかなかったなどの理由で、イライラして私に投げつけた言葉が " Che assassino! "。

最初は「俺を殺す気か？」という意味だと思っていましたが、よく辞書を見ると「何とできない（ぼんくらな）料理人！」という意味で使っていたということがわかり、かえって憤慨したこともあります。

強い口調のイタリア語に私がすぐに言い返せなかった時、イタリア語を理解できないと思った相手から、" Impara l'italiano! "「イタリア語を勉強しろ！」と言われたこともあります。でも、こちらが努力していけば、" Che mostro! "「すごいぞ！」" Stai crescendo! "「成長しているぞ！」と評価もしてくれるのです。

本場イタリアで、イタリア料理のシェフとして働いてきて、特に心に残っているのは、イタリア人のお客様が私の料理を褒めて下さった " Complimenti! "「素晴らしい！賛辞をおくります！」という言葉です。

イタリア語の読み仮名は別冊（p.16）参照

Al ristorante

1) Prenotare un tavolo

Takeshi   : Pronto?

Ristorante : Ristorante Da Enzo, buongiorno.

Takeshi   : Vorrei prenotare un tavolo per stasera.

Ristorante : Per quante persone?

Takeshi   : Per 2.

Ristorante : A che ora?

Takeshi   : Alle 7 e mezzo.

Ristorante : Bene. A che nome?

Takeshi   : A nome Nakata.

Ristorante : Benissimo. Allora Sig. Nakata, l'aspettiamo stasera. Grazie.

• • •

Takeshi : Buonasera.

Sala   : Buonasera, signori. Posso aiutarvi?

Takeshi : Sono Nakata. Ho prenotato un tavolo per stasera.

Sala   : Mi faccia vedere. Sì, esatto. Vi abbiamo riservato un tavolo in terrazza. Prego, da questa parte.

2) Senza prenotazione

Takeshi   : Buonasera. Avete un tavolo per 4?

Cameriere : Avete prenotato?

Takeshi   : No, non abbiamo prenotato.

Cameriere : Un attimo, per favore. Vediamo. Non c'è problema.

             Preferite questo tavolo o quello là vicino alla finestra?

Takeshi   : Quello là, per favore.

Cameriere : Accomodatevi, prego.

→ 下線部分の説明は（p.106）

102

レストランにて

1）席を予約する

タケシ　　　：もしもし。

レストラン　：レストラン "ダ・エンツォ" です。

タケシ　　　：今夜席を予約したいのですが。

レストラン　：何名様ですか？

タケシ　　　：2 名です。

レストラン　：何時にご予約を入れましょうか？

タケシ　　　：7 時半にお願いします。

レストラン　：かしこまりました。どなたのお名前でご予約しましょうか？

タケシ　　　：中田でお願いします。

レストラン　：かしこまりました。では、今夜お待ちしております。ありがとうございます。

・　・　・

タケシ　　　：こんばんは。

ホール　　　：いらっしゃいませ。お伺いします。

タケシ　　　：中田です。今夜席を予約したものです。

ホール　　　：確認いたします。確かに承っております。テラスに席をお取りしました。
　　　　　　　どうぞ、ご案内します。

2）予約なしで

タケシ　　　：こんばんは。4 人ですが、席は空いていますか？

ウェイター　：予約なさいましたか？

タケシ　　　：いいえ、予約していません。

ウェイター　：少々お待ち下さい。今調べます。問題ありません。
　　　　　　　この席、それとも窓の近くのあの席がよろしいですか？

タケシ　　　：あちらをお願いします。

ウェイター　：どうぞ、お掛け下さい。

3) A tavola

Cameriere : Ecco il menù, signori. Nel frattempo volete ordinare da bere?

Takeshi : Un bicchiere di vino rosso e una bottiglia di acqua minerale, per favore.

Cameriere : Frizzante o naturale?

Takeshi : Frizzante, per favore.

•　　•　　•

Cameriere : Avete deciso? Volete ordinare?

Takeshi : Per me ribollita e come secondo filetto di manzo al pepe verde.

Per la signora, arista di maiale con insalata mista.

Cameriere : Per il filetto, come vuole la cottura? Al sangue, ben cotta o media?

Takeshi : Media, per favore.

Cameriere : Benissimo. Vi ringrazio.

•　　•　　•

Cameriere : Gradite un dolce?

Takeshi : Sì, Lei, che cosa ci consiglia?

Cameriere : Abbiamo tiramisù, panna cotta, gelati di nostra produzione.

Takeshi : Io prenderei la panna cotta.

Momoko : Sarei a posto così, ma vorrei un gelato. Che gusti avete?

Cameriere : Abbiamo vaniglia, limone, fragola, pistacchio, cioccolato e pesca.

Momoko : Allora, limone e pesca, per favore.

•　　•　　•

Cameriere : Avete finito? Andava tutto bene?

Takeshi : Sì, era tutto buono, grazie.

Cameriere : Volete un caffè?

Takeshi : No grazie. Il conto, per favore.

→ 下線部分の説明は（p.106）

3）食事

ウェイター ：メニューをお持ちしました。その間に、お飲み物の注文を伺いましょう。

タケシ ：赤ワインをグラスで 1 杯とミネラルウォーターを 1 本お願いします。

ウェイター ：ガス入りですか、それともガスなしですか？

タケシ ：ガス入りをお願いします。

・ ・ ・

ウェイター ：お決まりですか？ご注文はよろしいですか？

タケシ ：僕はリボッリータを、そしてセコンドは牛フィレ肉のグリーンペッパー風味にします。
彼女にはアリスタとミックスサラダをお願いします。

ウェイター ：フィレの焼き加減はどうなさいますか？ レア、ウェルダン、それともミディアムですか？

タケシ ：ミディアムでお願いします。

ウェイター ：かしこまりました。ありがとうございます。

・ ・ ・

ウェイター ：デザートはいかがですか？

タケシ ：はい、何がお勧めですか？

ウェイター ：ティラミス、パンナコッタ、そして当店自家製のアイスクリームがあります。

タケシ ：僕はパンナコッタにします。

ももこ ：私はお腹一杯ですが、アイスクリームは食べたいですね。どんな味がありますか？

ウェイター ：バニラ、レモン、苺、ピスタチオ、チョコレートそしてピーチ味です。

ももこ ：ではレモンとピーチをお願いします。

・ ・ ・

ウェイター ：お食事は終わりましたか？ すべてお気に召しましたか？

タケシ ：はい、すべて美味しかったです、ありがとう。

ウェイター ：コーヒーはいかがですか？

タケシ ：いいえ、結構です。お勘定をお願いします。

説明 レストランにて

1) Pronto? 「もしもし」（電話で会話を始める時）

Da Enzo エンツォの店　　Da（前置詞）は、ここでは「〜の所」という意味。オーナーの名前など人名をレストランにつける時などに使われる場合が多い。

A che ora? 「何時ですか?」 (p.117参照)

A che nome? 「どなたの名前で（予約を入れましょうか）?」　A nome Nakata 「中田の名前で」

l'aspettiamo stasera 「今夜お待ちしています」　動詞 aspettare の活用形。

Posso aiutarvi? 「お手伝いできますか」　　vi 「あなた方を、君達を」

Posso aiutarLa?　　　　　　　　　La 「あなたを」（相手が一人の場合）

ていねいな言い方（知らない人や目上の人、お客さまなどに対して）

Posso + 動詞の原形?　　「〜できますか?」 (p.107参照)

Mi faccia vedere　　　「私に調べさせて下さい」⇒「確認します」　mi 「私に」

Vi abbiamo riservato　　「あなた達のために（席を）お取りしました」　vi 「あなた達に」

動詞 avere + 過去分詞　　「〜しました」 (p.107参照)

Prego 「どうぞ」　　　　da questa parte 「こちらです」⇒「ご案内します」

2) Avete prenotato?　　　「予約されましたか?」 (p.107参照)

Vediamo.：動詞 vedere 「見る、調べる」の活用形。

Non c'è problema.　　「問題ありません。」

Preferite A o B?　　　「AとBのどちらをお好みですか?」

Accomodatevi　　　「お座りください」、「お入りください」、「どうぞお楽に」

3) Ecco 〜　　　　　「ほら、ここに〜がある」　物を差し出したり注意を引くときなどに使う。

Nel frattempo 「その間に」

volete ordinare da bere? 「飲み物を注文しますか?」

da + 動詞の原形「〜すべき（もの）」⇒ da bere 「飲み物」、da mangiare 「食べ物」

Frizzante　　　　　「ガス入りの」　gassata と言う場合も多い。

come secondo　　　「セコンドには」

Per il filetto, come vuole la cottura? 「牛フィレ、焼き具合はどうなさいますか?」

Vi ringrazio.　　Grazie のていねいな言い方。

Gradite 〜?　　　「〜が欲しいですか?」「〜はいかがですか?」

Lei, che cosa ci consiglia? 「あなたは、何を私達に薦めますか?」　ci 「私達に」

di nostra produzione　「自家製の」

Sarei a posto così　　「これで十分ですが」ていねいで緩和的な言い方。ma「しかし」

Che gusti avete?　　「何味がありますか?」　gusti：gusto（味）の複数形。

Andava tutto bene?　「全てよかったですか?」　andava：動詞 andare「行く」の活用形。

Sì, era tutto buono.　「はい、すべて美味しかったです」　era：動詞 essere の活用形。

Il conto, per favore.　「お勘定をお願いします」

106

重要表現

Avete + 名詞 ？　　「～がありますか？」

Avete del vino locale?　　　　「地ワインはありますか？」

Avete delle specialità locali?　「地元の名物料理はありますか？」

Avete + 過去分詞 ？　　「～しましたか？」

Avete finito?　「終わりましたか？」

Posso + 動詞の原形 ？　　「～できますか？」

Posso ordinare?　「注文できますか？」

Posso avere la carta dei vini, per favore?　「ワインリストを見せてもらえますか？」

Può + 動詞の原形 ？　　「～していただけますか？」　丁寧な依頼の言葉。

Può parlare lentamente?　「ゆっくり話していただけますか？」

Buon appetito!　「たっぷり召し上がれ！」

食事の時に、相手にいう決まり文句。日本の「いただきます」とは意味が違う。
レストランで給仕の人に言われたら Grazie、一緒に食事をしている相手に言われたら
Grazie, altrettanto.「ありがとう、あなたもね」と返す。

美味しさの表わし方

Buono! / Molto buono! / Buonissimo! / Era squisito. / Era delizioso.
美味しい！ / とても美味しい！ / 美味でした。 / とても美味しかったです。

Era eccellente. / Ho mangiato bene. / Complimenti (al cuoco)!
素晴らしかったです。/ 美味しくいただきました。/ 素晴らしかったです（料理人さんに賛辞を送ります）！

イタリア語の読み仮名は別冊 (p.18) 参照

コラム

ちょっとおかしな料理とお菓子の名前

イタリアの料理やお菓子の名前には、いかにもイタリアらしい（？）ユーモラスな表現がでてきます。

・Acqua pazza 「アックワ・パッツァ」
acqua＝水、pazza＝狂った。白身魚をトマト、水、白ワインなどで煮た一品。19世紀の終わり、南イタリアの貧しい漁師達が獲りたての魚で作った料理で、当時塩が「狂った」ように高価だったため、塩辛い海水に、すぐ手に入るトマト、ニンニク、パセリを加えて煮たと言われている。「狂った」という言葉の由来は、油に水を入れてはねる様子、また「水で薄めたワイン」など、諸説ある。

・Bagna cauda 「バーニャ・カウダ」
日本でもかなりポピュラーになったピエモンテ州の代表的な料理。生野菜やゆでた野菜を、にんにくとアンチョビをすりつぶしてオリーブオイルに混ぜて温めたソースにつけて食べる。バーニャはソース、カウダはカルダ (calda＝熱い) が訛ったもの。bagno（風呂）ではないのです。

・Saltimbocca alla romana 「ローマ風サルティンボッカ」
ローマを代表する料理。薄切りの仔牛肉と生ハムをセージと一緒に爪楊枝に刺し、小麦粉をまぶして白ワインでソテーしたもの。Saltare in bocca「口の中に飛び込む」ほど美味しい！！

・Spaghetti alla checca 「ケッカ (おかま？) 風スパゲッティ」
夏のローマ料理の代表的な一品。ざく切りの生トマト、バジリコ、オリーブオイルで和えた冷製パスタである。ケッカとはローマ弁で「おかま」。というのは、この料理にフェンネルシード（フェンネルはイタリア語でfinocchio。その隠語が「おかま」）を使っているから。また、この料理を作った女性の名前Francescaの愛称Checcaから、という説もある。

・Spaghetti alla puttanesca 「娼婦風スパゲッティ」
puttanaは「娼婦」の俗語。黒オリーブ、ケーパー、ニンニク入りトマトソースの色鮮やかなスパゲッティである。手早く作れるこの料理を売春宿で客に提供したとか、娼婦の身に着ける下着の色を思い起させたとか・・・意味を知ると大声では注文しにくい一品かもしれませんね。

・Tiramisù 「ティラミス」
「私を上に引き上げて」「私を元気にして」という意味。日本でも1990年代の大ブーム以降人気のイタリアを代表するデザート菓子だが、トスカーナ、ピエモンテ、ヴェーネトの各州がその起源を主張している。卵、マスカルポーネチーズ、生クリーム、カカオ、砂糖などを使い、高カロリー。そのため催淫作用がある強壮剤として考えられ、ティラミスと名付けられたという説もある。確かに、元気がでてきそうなお菓子ですね。
尚、実際にティラミス誕生のレストランとして法律上認定されたのは、ヴェーネト州トレヴィーゾのレストラン「レ・ベッケリーエ」で、1962年のこと。

資料編

イタリア語の発音とアクセント

数字・季節・月・曜日・時刻・時間・天気

イタリアの地方と料理

イタリアのワイン

イタリアのチーズ

調理用語集

イタリア語の発音とアクセント

イタリア語はほとんどの場合**ローマ字読み**できます。ただし、c, g, h, q, s, z は特殊な読み方になるので気をつけましょう。

アクセントは多くの場合最後から2番目、または3番目（まれに4番目）の母音にあり、たいていはその母音を伸ばして発音します。例外的に最後に来る場合は**アクセント記号**がつき、その母音を伸ばして発音します。例：caffè, città, baccalà など。

> 太字を強く
> 発音してネ

〔母音〕

a（ア）	**e**（エ）	**i**（イ）	**o**（オ）	**u**（ウ）
asparago	erba	io	olio	uva
アス**パー**ラゴ	**エ**ルバ	**イー**オ	**オー**リオ	**ウー**ヴァ
アスパラガス	ハーブ	私	油	ブドウ

〔子音〕

b

ba（バ）	be（ベ）	bi（ビ）	bo（ボ）	bu（ブ）
banana	bene	birra	bollito	burro
バ**ナー**ナ	**ベー**ネ	**ビッ**ラ	ボッ**リー**ト	**ブッ**ロ
バナナ	良い	ビール	煮た、ゆでた	バター

c　カ行

ca（カ）	che（ケ）	chi（キ）	co（コ）	cu（ク）
carne	bruschetta	chiaro	coda	cucina
カルネ	ブルス**ケッ**タ	**キアー**ロ	**コー**ダ	ク**チー**ナ
肉	ブルスケッタ	明るい、透明の	しっぽ、尾	料理・調理場

　チャ行

cia（チャ）	ce（チェ）	ci（チ）	cio（チョ）	ciu（チェ）
arancia	dolce	cinema	cioccolato	dolciumi
ア**ラン**チャ	**ドル**チェ	**チー**ネマ	チョッコ**ラー**ト	ドル**チュー**ミ
オレンジ	甘い／菓子	映画	チョコレート	菓子類

d

da（ダ）	de（デ）	di（ディ）	do（ド）	du（ドゥ）
dado	dente	dieci	domani	duro
ダード	**デン**テ	ディ**エー**チ	ド**マー**ニ	**ドゥー**ロ
さいの目	歯	10	明日	固い

f

fa（ファ）	fe（フェ）	fi（フィ）	fo（フォ）	fu（フ）
farina	festa	fico	formaggio	fungo
ファ**リー**ナ	**フェ**スタ	**フィー**コ	フォル**マッ**ジョ	**フン**ゴ
粉	祝祭日／祝祭	イチジク	チーズ	キノコ

110

g　ガ行

ga（ガ）	ghe（ゲ）	ghi（ギ）	go（ゴ）	gu（グ）
gambero	spaghetti	ghiaccio	lungo	guscio
ガンベロ	スパゲッティ	ギアッチョ	ルンゴ	グーショ
エビ	スパゲッティ	氷	長い	卵やえびの殻

ジャ行

gia（ジャ）	ge（ジェ）	gi（ジ）	gio（ジョ）	giu（ジュ）
giardino	gelato	girasole	giorno	giusto
ジャルディーノ	ジェラート	ジラソーレ	ジョルノ	ジュスト
庭	アイスクリーム	ひまわり	日	正しい

glia（リア）	glie（リエ）	gli（リ/グリ）	glio（リオ）	
famiglia	tagliere	fogli / glicerina	aglio	
ファミッリア	タッリエーレ	フォッリ/グリチェリーナ	アッリオ	
家族	まな板	紙/グリセリン	ニンニク	

ニャ行

gna（ニャ）	gne（ニェ）	gni（ニ）	gno（ニョ）	gnu（ニュ）
lasagna	agnello	ogni	gnocchi	ognuno
ラザーニャ	アニェッロ	オッニ	ニョッキ	オニューノ
ラザーニア	仔羊	あらゆる	ニョッキ	ひとりひとり

h　h は発音しません

l

la（ラ）	le（レ）	li（リ）	lo（ロ）	lu（ル）
latte	lepre	Italia	cavolo	luce
ラッテ	レープレ	イターリア	カーヴォロ	ルーチェ
牛乳	野うさぎ	イタリア	キャベツ	光

m

ma（マ）	me（メ）	mi（ミ）	mo（モ）	mu（ム）
maiale	mela	amico	molto	muffa
マイアーレ	メーラ	アミーコ	モルト	ムッファ
豚(肉)	リンゴ	友達	沢山の/たいへん	かび

n

na（ナ）	ne（ネ）	ni（ニ）	no（ノ）	nu（ヌ）
Natale	nero	maccheroni	noce	numero
ナターレ	ネーロ	マックローニ	ノーチェ	ヌーメロ
クリスマス	黒い	マカロニ	クルミ	数、番号

p

pa（パ）	pe（ペ）	pi（ピ）	po（ポ）	pu（プ）
pane	pepe	pistacchio	polpo	pulire
パーネ	ペーペ	ピスタッキオ	ポルポ	プリーレ
パン	コショウ	ピスタチオ	タコ	掃除する

資料編

111

q （q + u + 母音）

qua （クワ）	que （クエ）	qui （クイ）	quo （クオ）	
quasi	questo	liquido	liquore	
ク**ワ**ーズィ	ク**エ**スト	**リ**ークイド	リク**オ**ーレ	
ほぼ	これ	液体	リキュール	

r

ra （ラ）	re （レ）	ri （リ）	ro （ロ）	ru （ル）
rapa	mare	aringa	Roma	rucola
ラーパ	**マ**ーレ	ア**リン**ガ	**ロ**ーマ	**ル**ーコラ
カブ	海	にしん	ローマ	ルッコラ

s サ行

sa （サ）	se （セ）	si （スィ）	so （ソ）	su （ス）
sale	secondo	Sicilia	sogliola	sugo
サーレ	セ**コン**ド	スィ**チ**ーリア	**ソ**ッリオラ	**ス**ーゴ
塩	第二の	シチリア島	舌平目	果汁、肉汁

s ザ行 （母音字にはさまれた時）

sa （ザ）	se （ゼ）	si （ズィ）	so （ゾ）	su （ズ）
rosa	pisello	pesi	riso	misura
ローザ	ピ**ゼ**ッロ	**ペ**ーズィ	**リ**ーゾ	ミ**ズ**ーラ
ばら	グリンピース	重さ	米	量

s + cia, ce, ci, cio, ciu シャ行

scia （シャ）	sce （シェ）	sci （シ）	scio （ショ）	sciu （シュ）
coscia	pesce	sciroppo	cosciotto	prosciutto
コーシャ	**ペ**ーシェ	シ**ロ**ッポ	コ**ショ**ット	プロ**シュ**ット
腿（モモ）	魚	シロップ	（羊・仔羊のなどの)モモ肉	ハム

s + c, f, p, q, t ス（清音）

sc	sf	sp	sq	st
scuola	sformato	spinacio	squisito	stomaco
スク**オ**ーラ	スフォル**マ**ート	スピ**ナ**ーチョ	スクイ**ズ**ィート	ス**ト**ーマコ
学校	フラン	ほうれん草	とても美味しい	胃

s + b, d, g, m, n, v ズ（濁音）

sb	sd	sg	sm・sn	sv
sbucciare	sdiricciare	sgombro	smalto	svuotare
ズブッ**チャ**ーレ	ズディリッ**チャ**ーレ	ズ**ゴン**ブロ	ズ**マ**ルト	ズヴオ**タ**ーレ
皮をむく	いがをむく	鯖	ほうろう	空にする

112

t

ta（タ）	te（テ）	ti（ティ）	to（ト）	tu（トゥ）
tanto	tegame	timo	torta	tutto
タント	テ**ガー**メ	**ティー**モ	**ト**ルタ	**トゥッ**ト
沢山の	浅鍋	タイム	ケーキ、タルト	全て

v

va（ヴァ）	ve（ヴェ）	vi（ヴィ）	vo（ヴォ）	vu（ヴ）
vaniglia	verde	vino	volume	vuoto
ヴァ**ニッ**リア	**ヴェ**ルデ	**ヴィー**ノ	ヴォ**ルー**メ	**ヴオー**ト
バニラ	緑の	ワイン	体積	空っぽの

z　ザ行

za（ザ）	ze（ゼ）	zi（ズィ）	zo（ソ）	zu（ズ）
zafferano	zenzero	zio	zona	zucchina
ザッフェ**ラー**ノ	**ゼン**ゼロ	**ズィー**オ	**ソー**ナ	ズッ**キー**ナ
サフラン	生姜	叔父（伯父）	地域	ズッキーニ

ツァ行

za（ツァ）	ze（ツェ）	zi（ツィ）	zo（ツォ）	zu（ツ）
stanza	Firenze	stazione	calzone	lenzuolo
ス**タン**ツァ	フィ**レン**ツェ	スタツィ**オー**ネ	カル**ツォー**ネ	レン**ツオー**ロ
部屋	フィレンツェ	駅	詰め物入りピザ	シーツ

資料編

〔子音を詰めて発音〕

bb	cc	dd	ff	gg
abbastanza	occhio	freddo	affumicato	selvaggina
アッバス**タン**ツァ	**オッ**キオ	フ**レッ**ド	アッフミ**カー**ト	セルヴァッ**ジー**ナ
十分に	眼	冷たい、寒い	燻製にした	野鳥獣類、ジビエ

ll	mm	nn	pp	rr
cipolla	mamma	nonno	trippa	porro
チ**ポッ**ラ	**マン**マ	**ノン**ノ	ト**リッ**パ	**ポッ**ロ
玉ネギ	お母さん	祖父	牛の胃袋	ポロネギ

ss	tt	（清音）zz	（濁音）zz
rosso	filetto	pizza	azzurro
ロッソ	フィ**レッ**ト	**ピッ**ツァ	アッ**ズッ**ロ
赤い	フィレ	ピザ	青い

113

数　字

1～100までの数字

1	uno	ウーノ		11	undici	ウンディチ
2	due	ドゥーエ		12	dodici	ドーディチ
3	tre	トゥレ		13	tredici	トゥレーディチ
4	quattro	クワットゥロ		14	quattordici	クワットルディチ
5	cinque	チンクエ		15	quindici	クインディチ
6	sei	セーイ		16	sedici	セーディチ
7	sette	セッテ		17	diciassette	ディチャッセッテ
8	otto	オット		18	diciotto	ディチョット
9	nove	ノーヴェ		19	diciannove	ディチャンノーヴェ
10	dieci	ディエーチ		20	venti	ヴェンティ

30	trenta	トゥレンタ		70	settanta	セッタンタ
40	quaranta	クワランタ		80	ottanta	オッタンタ
50	cinquanta	チンクワンタ		90	novanta	ノヴァンタ
60	sessanta	セッサンタ		100	cento	チェント

* 「0」zero ゼーロ

「21～99」は 20 +（1～9）、30 +（1～9）で表す。

母音で始まる uno（1）、otto（8）が「1」の位にくるときは「10」の位の最後の母音が消える。

例）「21」venti + uno = ventuno　ヴェントゥーノ

「48」quaranta + otto = quarantotto　クワラントット

大きな数

「100」の位	100 の前に（2～9）の数をつける。　例）　200 duecento　ドゥエチェント
「1,000」の位	1.000 mille（ミッレ）の複数形 mila（ミーラ）の前に（2～9）の数をつける。
	例）　3.000　tremila　トゥレミーラ
1万、10万の位	mila の前に2ケタ、3ケタの数をつける。
	例）　10.000　diecimila　　ディエチミーラ
	200.000　duecentomila　ドゥエチェントミーラ
それ以上の位	1.000.000　un milione　ウン ミリオーネ
西暦 2012	duemiladodici　ドゥエミラドードィチ

序数					
1番目の	primo	プリーモ	3番目の	terzo	テルツォ
2番目の	secondo	セコンド	4番目の	quarto	クワルト

分数					
2分の1	un mezzo	ウン メッゾ	3分の2	due terzi	ドゥエ テルツィ
3分の1	un terzo	ウン テルツォ	4分の1	un quarto	ウン クワルト

倍数		
2倍	due volte / doppio	ドゥエ ヴォルテ / ドッピオ
3倍	tre volte / triplo	トゥレ ヴォルテ / トゥリープロ
4倍	quattro volte / quadruplo	クワットゥロ ヴォルテ / クワドゥルプロ

季節・月・曜日

資料編

季節　Le stagioni　レ スタジョーニ

春	primavera	プリマヴェーラ	秋	autunno	アウトゥンノ
夏	estate	エスターテ	冬	inverno	インヴェルノ

月　I mesi dell'anno　イ メーズィ デッランノ

1月	gennaio	ジェンナイョ	7月	luglio	ルッリョ
2月	febbraio	フェッブラーイョ	8月	agosto	アゴースト
3月	marzo	マルツォ	9月	settembre	セッテンブレ
4月	aprile	アプリーレ	10月	ottobre	オットーブレ
5月	maggio	マッジョ	11月	novembre	ノヴェンブレ
6月	giugno	ジューニョ	12月	dicembre	ディチェンブレ

先月	il mese scorso	イル メーゼ スコルソ
今月	questo mese	クエスト メーゼ
来月	il prossimo mese	イル プロッスィモ メーゼ

曜日　I giorni della settimana　イ ジョルニ デッラ セッティマーナ

月曜日	lunedì	ルネディー	金曜日	venerdì	ヴェネルディー
火曜日	martedì	マルテディー	土曜日	sabato	サーバト
水曜日	mercoledì	メルコレディー	日曜日	domenica	ドメーニカ
木曜日	giovedì	ジョヴェディー			

115

時の表し方

昨日	ieri	イエーリ		午前	mattina	マッティーナ
今日	oggi	オッジ		午後	pomeriggio	ポメリッジョ
明日	domani	ドマーニ		夕方	sera	セーラ
明後日	dopodomani	ドーポドマーニ		夜	notte	ノッテ

平日	giorno feriale	ジョルノ フェリアーレ
祝日	giorno festivo	ジョルノ フェスティーヴォ
定休日	giorno di chiusura	ジョルノ ディ キウズーラ

先週	la settimana scorsa	ラ セッティマーナ スコルサ
今週	questa settimana	クエスタ セッティマーナ
来週	la prossima settimana	ラ プロッスィマ セッティマーナ

時刻の表し方

「何時ですか？」 **Che ora è?** ケ オーラ エッ
　　　　　　　　Che ore sono? ケ オーレ ソーノ（どちらも使う。ore = ora の複数形。）

「～時です」 **Sono le** + 数字（時間）

　　　Sono le sette.　　　　　　7時です。
　　　Sono le diciotto.　　　　　18時（午後6時）です。

「～分すぎです」 **Sono le** + 数字（時間）+ <u>e</u>（…と）+ 数字（分）

　　　Sono le nove <u>e</u> venticinque.　9時25分です。

「～分前です」 **Sono le** + 数字（時間）+ **meno**（…前）+ 数字（分）

　　　Sono le undici <u>meno</u> dieci.　11時10分前です。

特殊な表現

　　　Sono le tre e <u>un quarto</u>.　　ウン クワルト　　3時<u>15</u>分です。
　　　Sono le otto e <u>mezzo</u>.　　　メッゾ　　　　　8時<u>半</u>です。
　　　Sono le sei e <u>tre quarti</u>.　　トゥレ クワルティ　6時<u>45</u>分です。
　　　　（Sono le sette <u>meno un quarto</u> と言う場合が多い。）（7時15分前です。）
　　　È l'una.　　エッ ルーナ　　　　　　　　　　1時です。
　　　È mezzogiorno.　エッ メッゾジョルノ　　　　正午です。

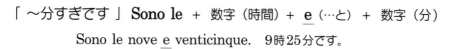

「 何時に ～ですか？ 」 **A che ora** + 動詞 + 主語 ？

A che ora <u>comincia il lavoro</u>?	コミンチャ イル ラヴォーロ	何時に仕事は始まりますか？
A che ora <u>chiude il ristorante</u>?	キウーデ イル リストランテ	何時にレストランは閉まりますか？
A che ora <u>vai a lavorare</u>?	ヴァーイ ア ラヴォラーレ	何時に仕事に行きますか？

「 ～時に 」 **alle** + 数字

Alle nove	9時に		All'una	1時に
Alle dieci e mezzo	10時半に		A mezzanotte	真夜中に
A mezzogiorno	正午に			

時間の表し方

5分(間)	cinque minuti	チンクエ ミヌーティ		1時間	un'ora	ウノーラ
15分	un quarto d'ora	ウン クワルト ドーラ		2時間	due ore	ドゥエ オーレ
30分	mezz'ora	メッゾーラ		3日間	tre giorni	トゥレ ジョルニ
2週間	due settimane	ドゥエ セッティマーネ		5ヶ月	cinque mesi	チンクエ メーズィ

「 ～前に 」 ～ fa ファ　　　　un'ora <u>fa</u>　1時間前に ／ una settimana <u>fa</u>　1週間前に

「 ～後に 」 tra トゥラ ／ fra フラ ～　<u>tra</u> mezz'ora　30分後に ／ <u>fra</u> due mesi　2ヶ月後に

天気の表し方

「 天気はどうですか？ 」　**Che tempo fa?**　ケ テンポ ファ

「 天気は～です 」　　　　**Fa ～ .**　　　（ 動詞 fare を使って ）

Fa <u>bel tempo</u>.	ファ ベル テンポ	良い天気です。
Fa <u>caldo</u> / <u>freddo</u>.	ファ カルド ／ フレッド	暑い ／ 寒いです。
Fa <u>brutto tempo</u>.	ファ ブルット テンポ	天気が悪いです。

☆ 次のような言葉を加えると強弱が表現できる。

Fa <u>molto</u> caldo.	モルト	<u>とても</u>暑いです。
Fa <u>un po'</u> caldo.	ウンポー	<u>少し</u>暑いです。
Fa <u>caldissimo</u>.	～ッシモ	<u>非常に</u>暑いです。

その他：

Piove.　ピオーヴェ　雨が降っています。 ／ Nevica.　ネーヴィカ　雪が降っています。

資料編

117

イタリアの地方と料理

上記の地図にはこのテキストで取り上げる主な地方名、都市名だけを記載しています。

イタリアは統一されて150年と歴史が浅く南北に伸びた地理的条件の違いから、各地方の歴史・風習・文化・言葉に特色が残っており、まるでそれぞれの地方が独立した国のようです。食材の呼び方なども地方によって異なる場合があります。主な地方の特産物と食の特色からイタリア料理をみてみましょう。

Piemonte（ピエモンテ州）

平地は有名な米作地。丘陵地や山岳地帯では酪農と牧畜が盛ん。料理はバターやチーズを多く使う。牛肉や野禽類を使った煮込み料理が多い。1986年に始まったスローフード運動はこの地方のBraが発祥の地。

特産物
　米、チーズ〔Bra, Castelmagno, Robiola, Toma, Raschera〕、アルバ産白トリュフ、ヘーゼルナッツ、アスパラガス、パプリカ、グリッシーニ

料理
　・Bagna cauda　・Agnolotti alla piemontese（生パスタ料理）　・Bollito misto
　・Fritto misto（20種位の素材を使ったフライ）　・Finanziera（鶏のとさかなどが入った煮込み）
　・Brasato al Barolo（牛肉のバローロワイン煮込み）　・Bonet（チョコレートプディングの一種）

Liguria（リグーリア州）

リグーリア湾に沿って伸びる州だが魚料理よりも陸の産物、家畜、香草を利用した料理が多い。地元の高品質なオリーブオイルを加えて味わうpesto alla genoveseが有名。

特産物
　オリーブオイル、アスパラガス、アーティチョーク、インゲン豆、バジル、trofie（ショートパスタ）

料理
　・Minestrone alla genovese　・Trenette al pesto（平打ち細長パスタのバジルソース）
　・Cappon magro（魚介サラダの一種、祝祭時のご馳走）　・Farinata di ceci（ヒヨコ豆のタルト）

Lombardia（ロンバルディーア州）

ポー川流域はイタリア有数の穀倉地。料理にはオイルよりもバターや背脂を、パスタより米を多く使う。酪農・畜産も盛んで料理の主役は豚肉。チーズと生クリームの消費も多い。

特産物
　米、アスパラガス、チコリ、サラミ、クレモナ産モスタルダ、チーズ〔Grana Padano, Taleggio, Gorgonzola〕

料理
　・Risotto alla milanese　　　・Ossobuco in gremolada（薬味入り仔牛すね肉煮込み）
　・Cotoletta alla milanese　　・Panettone（クリスマスのお菓子）

資料編

119

Veneto（ヴェーネト州）

東はアドリア海、北は山岳地帯に囲まれ、ガルダ湖やポー川や干潟など変化に富んだ地形。沿岸部は魚介類、内陸の平原と丘陵地は農畜産物、山岳地帯はチーズ類、牛とヤギの肉を生産。全体にポレンタ、米、ニョッキ、スープ類が多く食べられる。

特産物

魚介類、甲殻類、軟体動物、肉加工品（ベリコ＝エウガネオ産生ハム、スペック）、チーズ〔Asiago, Montasio, Ricotta affumicata〕、トレヴィーゾ産チコリ、バッサーノ産アスパラガス

料理

- Pasta e fagioli
- Risotto al nero di seppia
- Risi e bisi（グリーンピースのリゾット）
- Baccalà mantecato（煮た干しダラのペースト仕立て）
- Fegato alla veneziana（ヴェネツィア風仔牛レバー）
- Pandoro / Tiramisù

Emilia-Romagna（エミーリア・ロマーニャ州）

パルミジャーノ・レッジャーノ、パルマ産の生ハムを始めとするサラミ類など世界的に有名な食材を多く生産する。農業（果物や穀物）、畜産、肉及び乳加工品の生産、水産業が盛ん。エミーリア地方の食の中心は豚で栄養価も量もたっぷり。ロマーニャ地方の料理はやや控えめ。

特産物

果物（サクランボ、栗、ネクタリン、洋ナシ、桃）、モデナ産伝統的バルサミコ酢、肉加工品（コッパ、パンチェッタ、モデナ産生ハム、パルマ産生ハム、モデナ産コテキーノ、ボローニャ産モルタデッラ、モデナ産ザンポーネ、ズィベッロ産クラテッロ）、チーズ〔Parmigiano Reggiano〕

料理

- Lasagne alla bolognese
- Tortellini in brodo

Toscana（トスカーナ州）

料理は簡素で素材の持ち味を生かしたものが多い。香草やオリーブオイルをよく使う。パスタよりはミネストラやスープ、肉では牛肉が主役。豆料理も多い。沿岸部では魚料理が主流。16世紀フランス王妃となったメディチ家のカテリーナに随行したトスカーナの料理人たちが、現在のフランス料理の基礎を作った。

特産物

黒キャベツ、カンネリーニ種インゲン豆、アーティチョーク、キノコ、オリーブオイル、牛肉（キアーナ種）、ウイキョウの種入り生ソーセージ、チーズ、パン、panforte（ナッツ類と香辛料入りの菓子）

料理

- Ribollita（パンスープの煮返し）
- Pappa col pomodoro（トマトのパンがゆ）
- Cacciucco（魚介のスープ）
- Trippa alla fiorentina（牛の胃袋の煮込み）
- Bistecca alla fiorentina（Tボーン・ステーキ）
- Zuccotto（クリーム入り帽子型ケーキ）

Lazio (ラツィオ州)

穀物と野菜生産が中心。料理は素朴で庶民的な田舎料理。肉はabbacchio（乳飲み仔羊）のオーブン焼きか煮込みが特徴的。野菜料理も多彩。

特産物

アーティチョーク、Scammarita（豚首肉のサラミ状加工品）、チーズ〔Pecorino Romano〕

料理

- Stracciatella alla romana（チーズ入りかき卵スープ）
- Penne all'arrabbiata　・Spaghetti alla carbonara
- Saltimbocca alla romana
- Bucatini all'amatriciana
- Abbacchio alla romana
- Trippa alla romana

Campania (カンパーニア州)

気候と水と土壌に恵まれ農業が盛んな州。特にbufala（水牛）の飼育は有名。魚介類やトマトソースを使った料理が多い。

特産物

ソレント産レモン、ジッフォーニ産ヘーゼルナッツ、サン・マルツァーノ種トマト、

チーズ〔Mozzarella di bufala, Caciocavallo, Burrini, Provolone, Scamorza〕

料理

- Mozzarella in carrozza（パンとチーズの挟み揚げ）
- Pizza Margherita　・Spaghetti alla puttanesca
- Polpo affogato alla Luciana（タコのトマトソース煮）
- Insalata caprese
- Spaghetti alle vongole
- Babà / Sfogliatelle

Sicilia (シチーリア州)

多民族支配という文化的背景が食文化にも顕著で、東部はギリシャ植民地時代の影響が強く、料理は簡素。西部はアラブや宮廷文化の影響を受け、豊かで洗練された料理。カジキマグロ料理、クスクス料理などにも特徴がある。コンカ・ドーロの柑橘類が有名。

特産物

パンテレリア産ケーパー、オレンジ 、ピスタチオ、マグロ、カジキマグロ

料理

- Caponata
- Pasta alla Norma（揚げナスとトマトのパスタ）
- Cannoli　・Cassata（リコッタクリームと果物の砂糖漬けの菓子）
- Arancini（ライスコロッケ）
- Pasta con le sarde（イワシのパスタ）
- Granita（氷菓）

その他の州の特産物と料理

Friuli-Venezia Giulia（フリウーリ・ヴェネツィア ジューリア州）：サン・ダニエーレ産生ハム

Marche（マルケ州）：牛肉、豚の丸焼き、Olive all'ascolana（詰め物をして揚げたオリーブ）

Puglia（プーリア州）：オレッキエッテ、Braciole（薄切り肉を巻いた料理）

Sardegna（サルデーニャ州）：bottarga（からすみ）、チーズ〔Pecorino Sardo〕

イタリアのワイン　　Vini Italiani

主な産地とブドウの品種

イタリアは世界有数のワイン産地で、南北に長い地形による変化に富む気候風土のおかげで、ブドウの品種が大変多い。

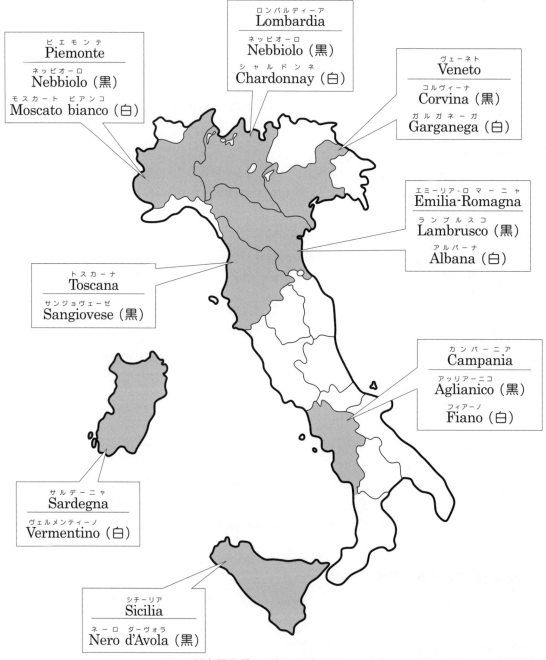

ここでは主要品種のうち一部を記載しています。（詳しくは次ページ参照）

主な産地と代表的なワイン

北イタリア

・Piemonte　　　高級ワインを産出する最も需要な産地。
　　　Nebbiolo 種（黒）　　　　　Barolo, Barbaresco
　　　Barbera 種（黒）　　　　　　Barbera d'Asti, Barbera d'Alba
　　　Dolcetto 種（黒）　　　　　　Dolcetto d'Alba
　　　Moscato bianco 種（白）　　　Asti Spumante, Moscato d'Asti
　　　Cortese 種（白）　　　　　　Gavi

・Lombardia
　　　Franciacorta（瓶内二次発酵）スプマンテ（白）Chardonnay 種（白）中心
　　　　　　　　　　　　　　　　　（ロゼ）Pinot nero 種（黒）中心

・Veneto　　　　生産量はトップクラス。質的にも重要な産地。
　　　Corvina 種（黒）　　　　　　Valpolicella Recioto（甘口）、Amarone（辛口）
　　　Garganega 種（白）　　　　　Soave（C*）, Soave Superiore, Recioto di Soave
　　　Glera 種（白）　　　　　　　Prosecco di Conegliano Valdobbiadene（発泡性ワイン）
　　　　　　　　　　　　　＊Classico（特定の古い地域で造られたワイン）の略。

中部イタリア

・Emilia-Romagna
　　　Lambrusco 種（黒）　　　　　Lambrusco（赤とロゼの微発泡性ワイン）
　　　Albana 種（白）　　　　　　　Albana di Romagna

・Toscana　　　ピエモンテと並ぶ重要な産地。
　　　Sangiovese 種（黒）　　　　　Chianti, Chianti Classico, Brunello di Montalcino

・Marche
　　　Verdicchio 種（白）　　　　　Verdicchio dei Castelli di Jesi

・Umbria
　　　Sagrantino 種（黒）　　Montefalco Sagrantino ／ Grechetto 種（白）　Orvieto

・Abruzzo
　　　Montepulciano 種（黒）　　Montepulciano d'Abruzzo（Colline Teramane）

南イタリア

・Campania
　　　Aglianico 種（黒）　　　　Taurasi
　　　Fiano 種（白）　　　Fiano di Avellino　／　Greco 種（白）　Greco di Tufo

・Puglia　　　Primitivo 種（黒）　　　Primitivo di Manduria

・Sicilia　　　Nero d'Avola 種（黒）　Cerasuolo di Vittoria

・Sardegna　　Vermentino 種（白）　　Vermentino di Gallura

資料編

ワインの分類

イタリアワインは国内の法律によって次のように分類されている。

DOCG（ Denominazione di Origine Controllata e Garantita ）統制保証原産地呼称
デノミナツィオーネ ディ オリージネ コントゥロッラータ エ ガランティータ

この認定を受けたワインはブドウの生産地が規定され、さらに、ブドウ栽培に適した場所、収量、醸造方法、熟成期間などの厳しい規定をクリアしたものである。現在、ボトルの首には赤、白、スプマンテのワインそれぞれに異なる色のシールが貼られているが、今後シールの色が統一されるそうである。

DOC（ Denominazione di Origine Controllata ）統制原産地呼称
デノミナツィオーネ ディ オリージネ コントゥロッラータ

DOCGよりやや緩やかな規定のカテゴリー。DOCGに昇格するには、DOCで5年以上経過しなければならない。DOCのボトルの首にもシールが貼られるようになってきた。

IGT（ Indicazione Geografica Tipica ）典型的地理表示
インディカツィオーネ ジェオグラーフィカ ティーピカ

イタリア国内で栽培されたブドウを醸造したワインで、85％以上がラベルに表示している産地で造られたもの。生産許可地はDOC、DOCGに比べると広範囲である。

VDT（ Vino da tavola ）テーブルワイン
ヴィーノ ダ ターヴォラ

イタリア国内で栽培されたブドウで醸造されたワイン。規定以上のアルコール度数があれば、生産地、ヴィンテージ、品種などの規制は一切ない。そのため、中にはDOC申請を行なわず、高品質ワインをわざとVDTとして呼称する生産者もいる。

 ひとくちメモ　　　Super Tuscan　スーパー・タスカン

イタリアワインの難しさは、分類とその質が一致していないことである。DOCGワインでも生産量が多く日常ワインとみなされるものがあり、その一方でDOCGの規定にしばられず、独創的な厳しい条件の下で製造された高品質ワインもある。その代表が **Super Tuscan** だ。
発端はトスカーナ州ボルゲリ地区のSassicaia。1940年代、当時の地元貴族が自領の石の多い荒地に、ボルドーワインに使うCabernet Sauvignon種のブドウを植えたのが始まりだ。バリック樽で醸造させたボディーのしっかりしたワインは、1972年、英紙デカンターのブラインド試飲でボルドーの一級シャトーに勝ち、その伝説が始まる。その後、他の生産者もTignanello、Solaia、Ornellaiaなどを次々に発表していく。当初これらのワインはVDTに入っていたが、現在はほとんどがIGT。BolgheriとBolgheri SassicaiaはDOCである。最近の優れたスーパー・タスカンは土着品種のサンジョヴェーゼ種のブドウをベースにしている場合も多い。

ラベルの読み方　　Etichetta

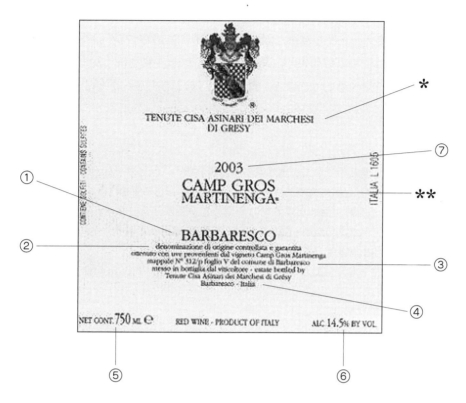

* 生産者名
** 畑の区画名称などが大きく
　　書かれていることもある。

普通、ラベルには次のことが記載されている。*

① 原産地呼称
② ワインの分類
　（DOCG、DOC、IGT、VDT）
③ 住所、生産者元詰め（サッシカイアのラベルにはこれだけ表記）であることを示す
④ 生産者所在地と生産国名
⑤ ワインの容量
⑥ アルコール度数
⑦ ブドウの収穫年

*ラベルには生産者がアピールしたい事を書く傾向にあるので内容が少しづつ違う。

資料編

イタリアのチーズ　Formaggi Italiani

イタリアは昔から各地でチーズ作りが盛んで、現在約500種が作られている。主原料は牛乳が一般的だが、山間部や丘陵地では羊乳や、地域によっては水牛乳を使ったものもある。イタリアではチーズそのものを食べるだけでなく、料理や菓子などにもふんだんに使う。

フレッシュタイプ

Ricotta（リコッタ）：牛乳製だけでなく、水牛乳や羊乳製もある。ラビオリなどのパスタの詰め物や、シチーリア特産の菓子カンノーリやカッサータなどの材料としても使われる。

Mozzarella（モッツァレッラ）：元来水牛乳だけを使っていたが、現在は牛乳も使われる。水牛乳を使ったカンパーニア州のMozzarella di Bufala Campanaは有名。モッツァレッラは各種PizzaやInsalata Capreseには欠かせない。

Mascarpone（マスカルポーネ）：ロンバルディーア州原産。牛乳製。Tiramisùに使われる。

ソフト（ウオッシュ軟質）タイプ

Taleggio（タレッジョ）：牛乳製。ロンバルディーア州産が有名。

ハード・セミハードタイプ

Parmigiano Reggiano（パルミジャーノ・レッジャーノ）：牛乳製の超硬質タイプでチーズの王様と呼ばれる。エミーリア・ロマーニャ州とロンバルディア州で製造。おろして料理に使われるが、そのままでワインとの相性も抜群。モデナ産伝統的バルサミコ酢を垂らすと味がいっそう引き立つ。

Grana Padano（グラーナ・パダーノ）：牛乳製の超硬質。エミーリア・ロマーニャ州とピエモンテ州のポー川流域産が有名。パルミジャーノ・レッジャーノに似ているが、味はややマイルド。製造基準が厳しくないので値段も手頃。

Pecorino Romano（ペコリーノ・ロマーノ）：羊乳製の超硬質。ペコリーノとは羊乳から作るチーズの総称。ペコリーノ・ロマーノはラツィオ州だけではなく、トスカーナ州の一部や、特にサルデーニャ州で多く製造されている。強い塩味。カルボナーラなど料理に使う場合が多い。

Provolone（プロヴォローネ）：牛乳製の硬質タイプ。エミーリア・ロマーニャ州とロンバルディーア州で製造。太い紐で吊り下げられた、サラミ型や洋ナシ型など形に特徴がある。

Fontina（フォンティーナ）：牛乳製の半硬質タイプ。ヴァッレ・ダオスタ州で作られる。6月から9月にかけて山で作られるものは、アルペッジョと呼ばれ珍重される。Fonduta（イタリア風チーズフォンデュ）に不可欠。

Caciocavallo（カチョカヴァッロ）：牛乳製の半硬質タイプ。ひょうたん形が特徴的。カラブリア州、カンパーニア州、プーリア州で製造。カチョカヴァッロ・シラーノが有名。

ブルーチーズ

Gorgonzola（ゴルゴンゾーラ）：牛乳製の半硬質の青かびタイプ。ロンバルディーア州とピエモンテ州で製造。甘口とピリッとした辛口の2種類がある。

原産地表示　　DOP　/　IGP　/　STG

イタリアでは、特定の産地で生産・加工される食材を保護し、保証するという原産地表示の制度がある。欧州連合は、伝統や地域に根ざした特有の食品などの品質認証のために、原産地名称保護制度を設けた。多様な農業生産を奨励し、原産地名称を誤用や盗用から保護し、消費者に正しい情報を提供することが目的だ。イタリアでも下記のような表示が設けられ、オリーブオイル、チーズ、食肉加工品、野菜、果物、穀物など多くの食品が認定を受けている。

DOP（ Denominazione di Origine Protetta ）保護原産地呼称
デノミナツィオーネ ディ オリージネ プロテッタ

　　原料から製品化まで特定の生産地内で生産、加工され、規定された製法に沿っているもの。

IGP（ Indicazione Geografica Protetta ）保護地理表示
インディカツィオーネ ジェオグラーフィカ プロテッタ

　　品質や特徴が特定の地域に由来し、製造、加工、包装のうちいずれか一つの段階が同地域内で行われているもの。

STG（ Specialità Tradizionale Garantita ）伝統的特産品保証
スペチアリター トゥラディツィオナーレ ガランティータ

　　地域に規定はないが、製法の伝統的な生産方法やレシピに沿っているもの。

資料編

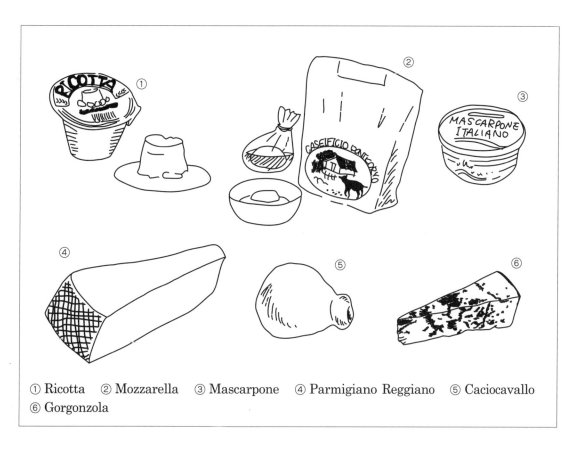

① Ricotta　② Mozzarella　③ Mascarpone　④ Parmigiano Reggiano　⑤ Caciocavallo
⑥ Gorgonzola

調 理 用 語 集

1. 野菜・ハーブ

m.男性名詞　　f.女性名詞　　pl.複数名詞を表す＊。

ヴェルドゥーレ verdure	野菜	チポッリーナ cipollina	f.小タマネギ
アッリオ aglio	m.ニンニク	チポッロット cipollotto	m.葉タマネギ
アスパーラジ asparagi	m.pl.アスパラガス	クレショーネ crescione	m.クレソン
バルバビエートラ barbabietola	f.テーブルビート、てんさい、火焔菜	デンテ ディ レオーネ dente di leone	m.タンポポ
ビエートラ　ビエータ bietola / bieta	f.フダン草	エルバ チポッリーナ erba cipollina	f.チャイブ、あさつき、シブレット
ブロッコロ broccolo	m.ブロッコリ	ファジョリーニ fagiolini	m.pl.サヤインゲン
カッペロ cappero	m.ケーパー	ファジョーリ fagioli	m.pl.インゲン豆
カルチョーフォ carciofo	m.アーティチョーク	ファーヴェ fave	f.pl.ソラマメ
カルドンチェッロ cardoncello	m.ヒラタケ	フィノッキオ finocchio	m.ういきょう
カルド cardo	f.カルドン、あざみ	フンギ セッキ funghi secchi	m.pl.干しキノコ
カロータ carota	f.人参	フンゴ fungo	m.キノコ
カヴォルフィオーレ cavolfiore	m.カリフラワー	ガッリナッチョ gallinaccio	m.アンズ茸（ジロール）
カヴォリーニ ディ ブリュックセル cavolini di Bruxelles	m.pl.芽キャベツ	ジェルモッリ ディ ソイア germogli di soia	m.pl.もやし
カーヴォロ cavolo	m.キャベツ	インディーヴィア リッチャ (indivia) riccia	f.アンディーブ、エンダイブ
カーヴォロ チネーゼ cavolo cinese	m.白菜	インディーヴィア スカローラ (indivia) scarola	f.エスカロール
カーヴォロ ロッソ cavolo rosso	m.紫キャベツ	インサラータ insalata	f.サラダ菜全般
カーヴォロ ヴェルザ cavolo verza	m.ちりめんキャベツ	ラットゥーガ lattuga	f.レタス
チェーチ ceci	m.pl.エジプト豆	ラットゥーガ ロマーナ lattuga romana	f.コスレタス
チェトゥリオーロ cetriolo	m.キュウリ	レグーミ legumi	m.pl.豆類
シャンピニヨン champignon	m.マッシュルーム	レンティッキエ lenticchie	f.pl.レンズ豆
キオディーノ chiodino	m.ナラタケ	メランザーナ melanzana	f.ナス
チコーリア cicoria	f.チコリ	オーヴォロ ovolo	m.タマゴタケ
チコーリア ベルガ cicoria belga	f.ベルギーチコリ	パタータ patata	f.ジャガイモ
チコーリア ディ カタローニャ (cicoria di) catalogna	f.カタロニア（チコリの一種）	ペペロンチーノ peperoncino	m.唐辛子
チポッラ cipolla	f.タマネギ	ペペローネ peperone	m.ピーマン
チポッラ ロッサ cipolla rossa	f.赤タマネギ	ピゼッリ piselli	m.pl.グリンピース、エンドウ豆

＊ 実際の現場で複数形を使うことの多い単語については、複数形を載せています。

ポモドーロ pomodoro	m.トマト		タッコラ taccola	f.サヤエンドウ
ポッロ porro	m.ポロねぎ、リーク		タルトゥーフォ tartufo	m.トリュフ
ポルチーノ porcino	m.ポルチーニ、ヤマドリ茸		ヴァレリアネッラ valerianella	f.マーシュ
ラディッキオ ロッソ radicchio rosso	m.赤チコリ		ズッカ zucca	f.カボチャ
ラーパ rapa	f.カブ、カブラ		ズッキーナ ズッキーノ zucchina, zucchino	f.またはm. ズッキーニ
ラヴァネッロ ravanello	m.ラディッシュ、ハツカダイコン		ブッチャ buccia	f.皮(ジャガイモ、栗など)
ルーコラ ルケッタ rucola, ruchetta	f.ルッコラ、ロケットサラダ		カッペッロ cappello	m.(きのこの)傘
スカローニョ scalogno	m.エシャロット		フォッリア foglia	f.葉
セーダノ sedano	m.セロリ		ガンボ gambo	f.茎、いしづき
セーダノ ラーパ sedano rapa	m.根セロリ		ポルパ polpa	f.果肉
ソイア soia	f.大豆		ラディーチェ radice	f.根茎
スピナーチ spinaci	m.pl.ホウレン草		セーメ seme	m.種
スプニョーラ モルケッラ spugnola, morchella	f.アミガサダケ(モリーユ)			

資料編

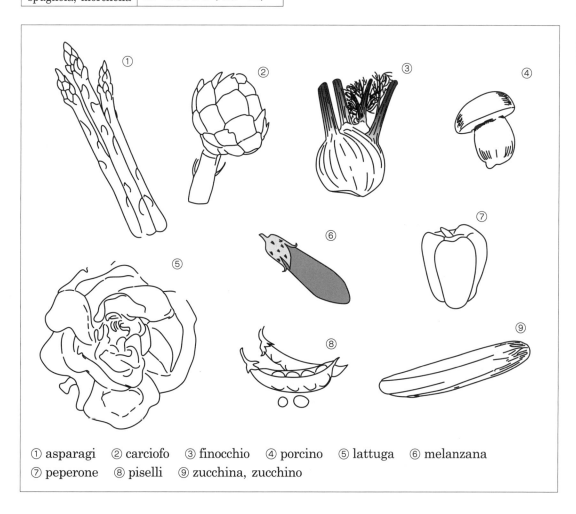

① asparagi ② carciofo ③ finocchio ④ porcino ⑤ lattuga ⑥ melanzana
⑦ peperone ⑧ piselli ⑨ zucchina, zucchino

エルベ アロマーティケ スペーツィエ **erbe aromatiche / spezie**	香草・香辛料
アッローロ **alloro**	m.ローリエ
アネート **aneto**	m.ディル
アーニチェ **anice**	m.アニス
バズィーリコ **basilico**	m.バジル
カンネッラ **cannella**	f.シナモン
カルダモーモ **cardamomo**	m.カルダモン
チェルフォーリオ **cerfoglio**	m.セルフィユ
キヨーディ ディ ガローファノ **chiodi di garofano**	m.pl.クローヴ、丁子
コリアンドロ **coriandolo**	m.コリアンダー
クミーノ コミーノ **cumino, comino**	m.クミン
クルクマ **curcuma**	f.ターメリック、うこん
ドラゴンチェッロ **dragoncello**	m.エストラゴン、タラゴン
ジネープロ **ginepro**	m.ネズ(bacche di〜:f.pl.ネズの実)
マッジョラーナ **maggiorana**	f.マジョラム、マヨラナ
マッツェット グアルニート **mazzetto guarnito**	m.ブーケガルニ
メンタ **menta**	f.ミント
ノーチェ モスカータ **noce moscata**	f.ナツメッグ
オリーガノ **origano**	m.オレガノ
パープリカ **paprica / paprika**	f.パプリカ
ペーペ **pepe**	m.コショウ
ペーペ ビアンコ **pepe bianco**	m.白コショウ
ペーペ ネーロ **pepe nero**	m.黒コショウ、ブラックペッパー
ペーペ ローザ **pepe rosa**	m.ピンクペッパー
ペーペ ヴェルデ **pepe verde**	m.グリーンペッパー
ペーペ ディ カイエンナ **pepe di Caienna**	m.カイエンヌペッパー
プレッツェーモロ **prezzemolo**	m.イタリアンパセリ
ラーファノ **rafano**	m.ホースラディッシュ、西洋ワサビ
ロズマリーノ **rosmarino**	m.ローズマリー
サルヴィア **salvia**	f.セージ
セーナペ **senape**	f.マスタード、辛子
スペーツィエ **spezie**	f.pl.香辛料、薬味、香味料
ティーモ **timo**	m.タイム
ヴァニッリア **vaniglia**	f.バニラ
ザッフェラーノ **zafferano**	m.サフラン
ゼンゼロ **zenzero**	m.ショウガ

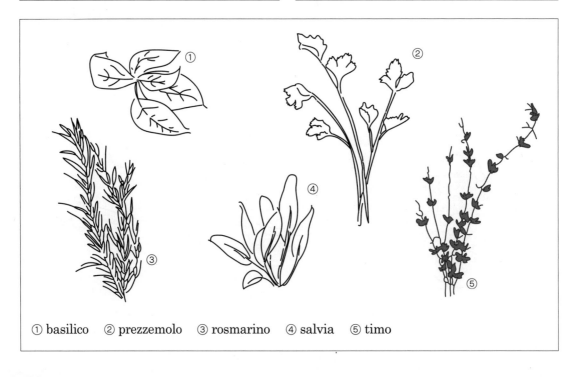

① basilico ② prezzemolo ③ rosmarino ④ salvia ⑤ timo

2. パスタ・穀類

パスタ **pasta**	パスタ	アニョロッティ agnolotti	m.pl. ピエモンテ州の詰め物パスタ
バヴェッテ bavette	f.pl. 細いリボン状の乾燥パスタ	カッペッレッティ cappelletti	m.pl. 詰め物をした帽子型パスタ
ブカティーニ bucatini	m.pl. 穴あきの長パスタ	ラヴィオーリ ravioli	m.pl. ラヴィオリ
カペッリーニ capellini	m.pl. 髪の毛のような極細の長パスタ	トルテッリ tortelli	m.pl. 詰め物パスタ
フェデリーニ fedelini	m.pl. カペッリーニよりやや太め	トルテッリーニ tortellini	m.pl. トルテッリの小型
リングイーネ linguine	f.pl. 平らな細長パスタ	トゥローフィエ trofie	f.pl. リグーリア州の手びねりパスタ
スパゲッティ spaghetti	m.pl. スパゲッティ	チェレアーリ **cereali**	穀類
スパゲッティーニ spaghettini	m.pl. 細めのスパゲッティ	ファリーナ farina	f. 粉、小麦粉
パスタ アッルオーヴォ pasta all'uovo	f. 卵入りパスタ	ファリーナ ビアンカ farina bianca	f. 小麦粉
パスタ コルタ pasta corta	f. ショートパスタ	ファリーナ フィオーレ farina fiore	f. 薄力粉
パスタ フレスカ pasta fresca	f. 生パスタ	ファリーナ フォルテ farina forte	f. 強力粉
パスタ ルンガ pasta lunga	f. ロングパスタ	ファリーナ ジャッラ farina gialla	f. トウモロコシ粉
パスタ リピエーナ pasta ripiena	f. 詰め物入りパスタ	ファリーナ インテグラーレ farina integrale	f. 全粒粉
パスタ セッカ pasta secca	f. 乾燥パスタ	ファリーナ ディ グラノトゥルコ farina di granoturco	f. トウモロコシ粉
コンキッリエ conchiglie	f.pl. 貝殻型パスタ	ファリーナ ディ グラーノ サラチェーノ farina di grano saraceno	f. そば粉
ファルファッレ farfalle	f.pl. 蝶々型パスタ	セモラ semola	f. セモリナ粉、硬質小麦粉
フェットゥッチーネ fettuccine	f.pl. 平打ちパスタ	セモリーノ semolino	m. セモリナ粉をさらに細かくした粉
フズィッリ fusilli	m.pl. らせん型パスタ	ファッロ farro	m. スペルト小麦
ルマーケ lumache	f.pl. かたつむり型パスタ	フェーコラ ディ パターテ fecola di patate	f. 片栗粉
オレッキエッテ orecchiette	f.pl. プーリア地方の耳たぶ型パスタ	グラーノ ドゥーロ grano duro	m. 硬質小麦（パスタに適す）
ペンネ penne	f.pl. ペン先型パスタ	グラーノ テーネロ grano tenero	m. 軟質小麦（パンに適す）
リガトーニ rigatoni	m.pl. 筋入りの短い管状パスタ	グラーノトゥルコ granoturco	m. トウモロコシ
ルオーテ ruote	f.pl. 車輪型パスタ	マーイス mais	m. トウモロコシ
タッリアテッレ tagliatelle	f.pl. 平打ちパスタ	マイゼーナ maizena	f. コーンスターチ、でんぷん
パッパルデッレ pappardelle	f.pl. タリアテッレより幅広のパスタ	アーミド amido	m. でんぷん
ラザーニェ lasagne	f.pl. ラザーニャ	オルゾ orzo	m. 大麦
ニョッキ gnocchi	m.pl. ニョッキ	セーガレ segale	f. ライ麦
カンネッローニ cannelloni	m.pl. カネロニ	リーゾ riso	m. 米

資料編

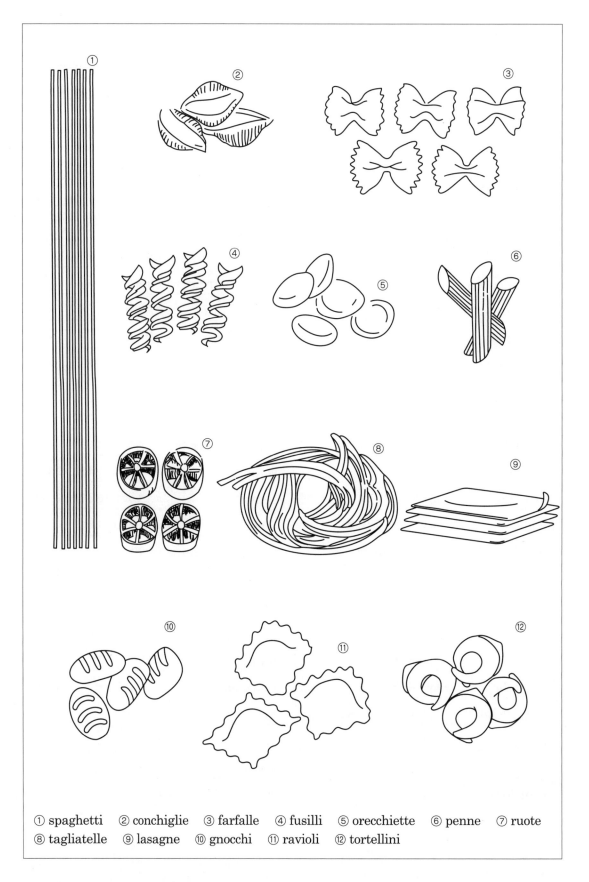

3．魚類・甲殻類他

pesci ペーシ	魚類
acciuga アッチューガ	f.カタクチイワシ（アンチョビ）
alice アリーチェ	f.カタクチイワシ（アンチョビ）
sardina サルディーナ	f.イワシ
anguilla アングイッラ	f.ウナギ
aringa アリンガ	f.ニシン
bianchetti ビアンケッティ	m.pl.しらす
branzino ブランズィーノ	m.スズキ（主に北部）
spigola スピーゴラ	f.スズキ（主に南部）
carpa カルパ	f.鯉
cefalo チェーファロ	m.ボラ
cernia チェルニア	f.ハタ
coda di rospo コーダ ディ ロスポ	f.アンコウ
dentice デンティチェ	m.鯛の一種
orata オラータ	f.鯛の一種
pagello パジェッロ	m.鯛の一種（キダイに似ている）
gallinella ガッリネッラ	f.ホウボウ
grongo グロンゴ	m.アナゴ
luccio ルッチョ	m.カワカマス
muggine ムッジネ	m.ボラ
merluzzo メルルッツォ	m.タラ
nasello ナゼッロ	m.メルルーサ、タラの一種
pesce azzurro ペーシェ アッズッロ	m.青魚
pesce gatto ペーシェ ガット	m.なまず
pesce sciabola ペーシェ シャーボラ	m.太刀魚
pesce spada ペーシェ スパーダ	m.まかじき、かじきまぐろ
pesce volante ペーシェ ヴォランテ	m.トビウオ
rana pescatrice ラーナ ペスカトゥリーチェ	f.アンコウ
razza ラッツァ	f.エイ
rombo ロンボ	m.ヒラメ

salmone サルモーネ	m.鮭
san pietro / sampietro サン ピエートロ	m.まとうだい
scorfano スコルファノ	m.カサゴ
sgombro ズゴンブロ	m.サバ
sogliola ソッリオラ	f.舌平目
storione ストリオーネ	m.チョウザメ
suro スーロ	m.アジ
tonnetto トンネット	m.カツオ
tonno トンノ	m.マグロ
triglia トリッリア	f.ヒメジ
trota トゥロータ	f.マス
crostacei / molluschi クロスターチェイ　モッルースキ	甲殻類他
abalone アバローネ	f.アワビ
aragosta アラゴスタ	f.伊勢えび
astice アスティチェ	m.オマールエビ
gamberetti ガンベレッティ	m.pl.小エビ
gamberi ガンベリ	m.pl.エビ
gamberi di fiume ガンベリ ディ フィウーメ	m.pl.ザリガニ
gamberoni ガンベローニ	m.pl.車エビ
mazzancolle マッツァンコッレ	f.pl.車エビの一種
scampi スカンピ	m.pl.アカザエビの一種
calamari カラマーリ	m.pl.ヤリイカ
canocchie カノッキエ	f.pl.シャコ
pannocchie パンノッキエ	f.pl.シャコ
capesante カペサンテ	f.pl.ホタテ貝
cozze コッツェ	f.pl.ムール貝
frutti di mare フルッティ ディ マーレ	m.pl.海の幸（主に貝類）、シーフード
granchio グランキオ	m.カニ
lumache ルマーケ	f.pl.エスカルゴ、カタツムリ
moscardini モスカルディーニ	m.pl.小タコ

資料編

133

オストゥリケ ostriche	f.pl. 牡蠣（カキ）	カヴィアーレ caviale	m. キャヴィア
ポルポ polpo	m. タコ	コッラ ディ ペーシェ colla di pesce	f. ニベニカワ、アイジングラス
ラーナ rana	f. カエル	サルモーネ アッフミカート salmone affumicato	m. スモークサーモン
リッチョ ディ マーレ riccio di mare	m. ウニ	ウォーヴァ ディ サルモーネ uova di salmone	f.pl. イクラ
セッピア seppia	f. 甲イカ		部位（魚）
トータノ totano	m. スルメイカ	ブランキア branchia	f. えら
ヴォンゴレ vongole	f.pl. アサリ	グーショ guscio	m. エビの殻、甲羅、貝殻
	魚加工品	インテリオーラ interiora	f.pl. 内臓
バッカラー baccalà	m. 干しダラ（塩漬けした）	リスカ lisca	f. 魚の背骨
ストッカフィッソ stoccafisso	m. 干しダラ（塩漬けしていない）	ピンナ pinna	f. ひれ
ボッタルガ bottarga	f. からすみ	スクアーメ squame	f.pl. うろこ

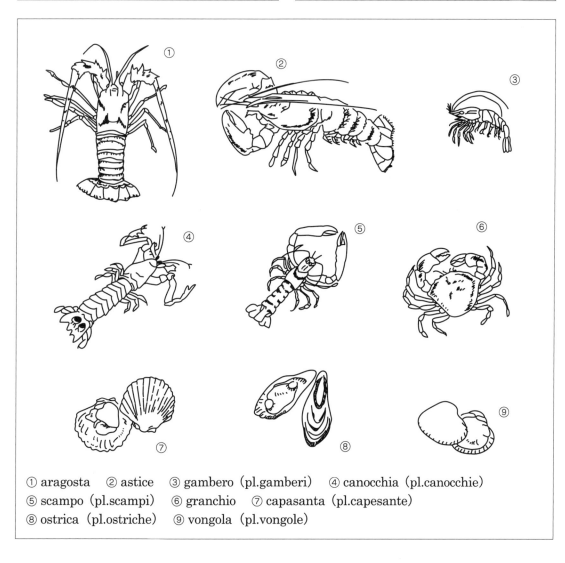

① aragosta ② astice ③ gambero（pl.gamberi） ④ canocchia（pl.canocchie）
⑤ scampo（pl.scampi） ⑥ granchio ⑦ capasanta（pl.capesante）
⑧ ostrica（pl.ostriche） ⑨ vongola（pl.vongole）

資料編

4．肉類

	肉の種類
アッバッキオ abbacchio	m.乳のみ仔羊 （ローマ地方）
アニエッロ agnello	f.仔羊
アニエッロ ダ ラッテ agnello da latte	m.乳のみ仔羊 （生後１ヶ月以内）
アナートゥラ アニートゥラ anatra, anitra	f.鴨、アヒル
ベッカッチャ beccaccia	f.ヤマシギ
ブーエ bue	f.牛：畜牛、去勢牛
マンゾ manzo	m.牛肉、去勢された雄牛の肉
カッポーネ cappone	m.去勢雄鶏
カプラ capra	f.雌ヤギ
カプリオーロ capriolo	m.ノロジカ
カルネ ボヴィーナ carne bovina	f.牛肉
カルネ スイーナ carne suina	f.豚肉
チェルヴォ ダーイノ cervo, daino	m.鹿
チンギアーレ cinghiale	m.猪
コロンバッチョ colombaccio	m.モリバト
コニッリオ coniglio	m.飼いウサギ
ファジャーノ fagiano	m.キジ
ファラオーナ faraona	f.ホロホロ鳥
ガッレット galletto	m.若い雄鶏
ガッリーナ gallina	f.雌鶏
レープレ lepre	f.野ウサギ
マイアーレ maiale	f.豚、豚肉
オーカ oca	f.ガチョウ
パッセロ passero	m.スズメ
ペーコラ pecora	f.雌羊
ペルニーチェ pernice	f.ヨーロッパヤマウズラ
ピッチョーネ piccione	m.鳩
ポッロ pollo	m.鶏（総称）
クワリア quaglia	f.鶉（ウズラ）

セルヴァッジーナ selvaggina	f.野鳥獣類、ジビエ
タッキーノ tacchino	m.七面鳥
ヴィテッロ vitello	m.仔牛、仔牛肉
	部位（牛・仔牛）
フィレット filetto	m.フィレ肉
コントゥロフィレット controfiletto	m.フィレ下ロース、背肉サーロイン
コーダ coda	f.尾（テール）肉
コッロ collo	m. 首肉
コスターテ costate	f.pl.肩ロース、骨付き背肉
コストレッテ カッレー costolette / carré	f.pl./m.(仔牛)骨付き背肉
フェーザ fesa	f.内モモ肉
ジェレット geretto	m.すね肉
ロンバータ lombata	f.背肉、ロース
ロンバティーナ lombatina	f.(仔牛)肋間肉、ロース
ペット petto	m.胸部肉
スカモーネ scamone	m.(牛)ランプ
スカールフォ scalfo	m.上方腹部肉
スパッラ spalla	f.肩肉
	部位（豚・仔羊）
コッパ coppa	f.(豚)首肉
コッロ collo	m.(仔羊)首肉
カッレー アーリスタ carré / arista	m./f.(豚)骨付き背肉
コショット cosciotto	m. （羊、仔羊）モモ肉
コストレッテ costolette	f.pl.(仔羊)鞍下肉
フィレット filetto	m.フィレ肉
ロンバータ lombata	f.(豚)ロース、(仔羊)鞍下肉
パンチェッタ pancetta	f.(豚)バラ肉
パンチャ pancia	f.(仔羊)腹部肉
ペット petto	m.胸部肉
スパッラ spalla	f.肩肉

プロシュット prosciutto	m.(豚)モモ肉		サルーミ salumi	肉加工製品
ザンペット zampetto	m.足		カポコッロ capocollo	m.(南伊)豚の首肉と背肉のサラミ
	部位(鶏)		コッパ coppa	f.豚の肩ロースで作るハム
アーラ ala	f.手羽(pl.はali)		コテキーノ cotechino	m.豚皮に腸詰めしたもの
コーシャ コーショ coscia(coscio)	f.モモ肉(男性形を使う場合もあり)		クラテッロ culatello	m.豚尻肉、豚尻肉の生ハム
フェガティーノ fegatino	m.肝臓		フェーガト ドーカ fegato d'oca	m.(ガチョウの)フォワグラ
フィレット filetto	m.(骨と皮をとった)鶏の胸肉		フェーガト グラッソ fegato grasso	m.フォワグラ
ペット petto	m.胸肉		グラッソ grasso	m.脂身、脂肪
スプレーマ suprema	f.ささみ		ラルド lardo	m.背脂(塩漬け、塩なし、燻製)
ヴェントゥリッリオ ventriglio	f.砂肝		モルタデッラ mortadella	f.ソーセージ(ボローニャ特産)
	その他		パンチェッタ pancetta	f.生ベーコン、パンチェッタ
アニメッラ animella	f.胸腺		パンチェッタ アッフミカータ pancetta affumicata	f.ベーコン(燻製にしたもの)
ブデッロ budello	m.腸		パンチェッタ テーザ pancetta tesa	f.平板状のパンチェッタ
チェルヴェッロ cervello	m.脳みそ		プロシュット コット prosciutto cotto	m.加熱ハム(ボンレスハムなど)
クオーレ cuore	m.心臓		プロシュット クルード prosciutto crudo	m.生ハム
フェーガト fegato	m.肝臓、レバー		レティーナ retina	f.網脂
フラッタッリエ frattaglie	f.pl.内臓		サラーメ salame	m.サラミソーセージ
リングア lingua	f.舌、タン		サルスィッチャ salsiccia	f.腸詰、ソーセージ
ミドッロ midollo	m.骨髄		サルーミ salumi	m.pl.ハム・ソーセージ類
オッソ osso	m.骨(pl.はgli ossiとle ossa)		スペック speck	m.スペック(スモークハムの一種)
ロニョーネ rognone	m.腎臓		ストゥルット strutto	m.ラード
サングエ sangue	m.血液		ヴュルステル würstel	m.フランクフルトソーセージ
トリッパ trippa	f.牛の胃袋		ザンポーネ zampone	m.豚足に詰め物をした加工品

資料編

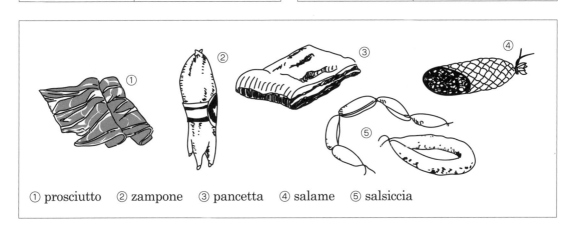

① prosciutto　② zampone　③ pancetta　④ salame　⑤ salsiccia

137

肉の部位

Manzo 牛肉 (マンゾ)

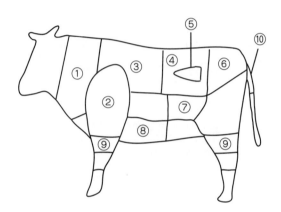

①	collo (コッロ)	頸部（首）肉
②	spalla (スパッラ)	肩肉
③	costate (コスターテ)	骨付き背肉
④	controfiletto (コントゥロフィレット)	サーロイン
⑤	filetto (フィレット)	フィレ肉
⑥	scamone (スカモーネ)	ランプ
⑦	scalfo (スカールフォ)	上方腹部肉
⑧	petto (ペット)	胸部肉
⑨	geretto (ジェレット)	すね肉
⑩	coda (コーダ)	尾（テール）肉

Vitello 仔牛肉 (ヴィテッロ)

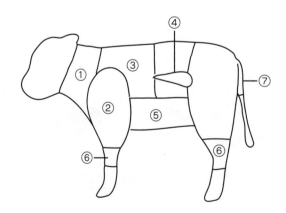

①	collo (コッロ)	頸部（首）肉
②	spalla (スパッラ)	肩肉
③	costolette (コストレッテ) / carré (カッレー)	骨付き背肉
④	filetto (フィレット)	フィレ肉
⑤	petto (ペット)	胸部肉
⑥	geretto (ジェレット)	すね肉
⑦	coda (コーダ)	尾（テール）肉

Agnello 仔羊肉

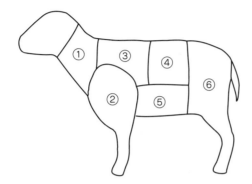

① collo — 頸部（首）肉
② spalla — 肩肉
③ carré — 骨付き背肉
④ costolette — 鞍下肉
⑤ petto — 胸部肉
⑥ cosciotto — モモ肉

Maiale 豚肉

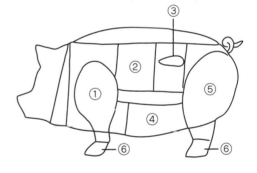

① spalla — 肩肉
② carré / arista — 骨付き背肉
③ filetto — フィレ肉
④ pancetta — 胸部肉
⑤ prosciutto — モモ肉
⑥ zampetto — 足

Pollo 鶏肉

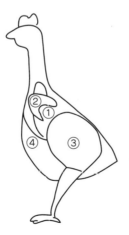

① suprema — ささみ
② ala — 手羽肉
③ coscia (coscio) — モモ肉
④ petto — 胸肉

資料編

5. 果物・デザート・菓子・パン

フルッタ frutta	果実・木の実
アグルーミ agrumi	m.pl. かんきつ類
アルビコッケ albicocche	f.pl. アンズの実
アマレーナ amarena	f. サワーチェリー
アーナナス ananas	m. パイナップル
アングーリア anguria	f. スイカ (北伊)
アラーキディ arachidi	f.pl. ピーナッツ
アランチャ arancia	f. オレンジ
アヴォカード avocado	m. アヴォカド
バナーナ banana	f. バナナ
カスターニャ castagna	f. 栗
チェードロ cedro	m. シトロンの実
チリエージェ チリエージェ ciliegie(ciliege)	f.pl. さくらんぼ
ココーメロ cocomero	m. スイカ (南伊)
ダッテリ datteri	m.pl. ナツメヤシの実
フィーコ fico	m. イチジク
フィーコ ディンディア fico d'india	m. サボテンの実
フラーゴレ fragole	f.pl. イチゴ
フルット デッラ パッスィオーネ frutto della passione	m. パッションフルーツ
ランポーニ lamponi	m.pl. 木イチゴ (フランボワーズ)
リモーネ limone	m. レモン
マンダリーノ mandarino	m. ミカン
マンドルレ mandorle	f.pl. アーモンド
マンゴ mango	m. マンゴー
メーラ mela	f. リンゴ
メラグラーナ melagrana	f. ザクロ
メローネ melone	m. メロン
ミルティッリ mirtilli	m.pl. ブルーベリー
ノッチョーレ nocciole	f.pl. ヘーゼルナッツ
ノーチ noci	f.pl. クルミ
アナカルディ anacardi	m.pl. カシューナッツ
ノーチェ ディ コッコ noce di cocco	f. ココナッツ
オリーヴェ olive	f.pl. オリーブの実
パパイア papaia	f. パパイヤ
ペーラ pera	f. 西洋ナシ
ペスカ pesca	f. 桃
ピノーリ pinoli	m.pl. 松の実
ピスタッキ pistacchi	m.pl. ピスタチオ
ポンペルモ pompelmo	m. グレープフルーツ
プルーニェ prugne	f.pl. プラム
リーベス ribes	m. スグリ (グロゼイユ)
リーベス ネーロ ribes nero	m. カシス
ウーヴァ uva	m. ブドウ
ウヴェッタ uvetta	f. 干しブドウ
ノッチョロ nocciolo	(果実の)核、芯
スコルツァ scorza	f. 果皮
ポルパ polpa	f. 果肉

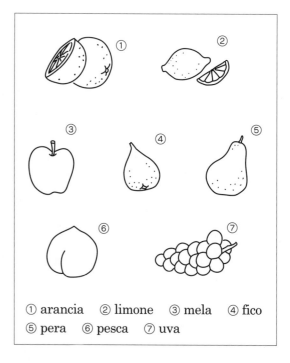

① arancia   ② limone   ③ mela   ④ fico
⑤ pera   ⑥ pesca   ⑦ uva

デッセール ドルチ dessert · dolci	デザート・菓子
バヴァレーゼ bavarese	m.ババロワ
ビアンコマンジャーレ biancomangiare	m.ブランマンジェ
ビニエー bignè	m.シュークリーム
ブディーノ budino	m.プディング
カラメッラ caramella	f.キャラメル、キャンディ
コンフェット confetto	m.砂糖菓子
コンポスタ composta	f.コンポート、砂糖漬けの果物
クレーマ イングレーゼ crema inglese	f.アングレーズソース
クレーマ パスティチェーラ crema pasticcera	f.カスタードクリーム
クレームカラメル crème caramel	f.カスタードプリン
クロスタータ crostata	f.タルト、パイ
クロスタティーナ crostatina	f.タルトレット、小型のパイ
タルテレッタ tarteletta	f.タルトレット
ジェラート gelato	m.アイスクリーム
ソルベット sorbetto	m.シャーベット
グラニータ granita	f.グラニテ、フラッペ、かき氷
マチェドーニア macedonia	f.フルーツポンチ
マルザパーネ marzapane	m.マジパン
メリンガ meringa	f.メレンゲ
ミッレフォッリエ millefoglie	m.ミルフィーユ
ムース mousse	f.ムース
パン ディスパーニャ pan di Spagna	m.スポンジケーキ
パンドーロ pandoro	m.ヴェローナ地方のクリスマスの菓子
パネットーネ panettone	m.ミラノ名物のクリスマスの菓子
パン ナ コッタ panna cotta	f.パンナコッタ
セミフレッド semifreddo	m.生クリーム入りアイスクリーム
スプモーネ spumone	f.アイスクリームケーキ
スプーマ spuma	f.ムース
ティラミスー tiramisù	m.ティラミス

トルタ torta	f.タルト、ケーキ、パイ
ザバイオーネ zabaione	m.卵黄、砂糖、マルサラ酒などを混ぜたクリーム
ズッパ イングレーゼ zuppa inglese	f.リキュールやクリームを使った一種のケーキ
ズッパ ロマーナ zuppa romana	f.ズッパイングレーゼのようなケーキ
パスタ フロッラ pasta frolla	f.練りパイ生地
パスタ スフォッリア pasta sfoglia	f.折りパイ生地
	パン・ピザ・関連用語
コルネット cornetto	m.クロワッサン
クロスティーノ crostino	m.クルトン、トーストしたパン、カナッペ
グリッスィーニ grissini	m.pl.細長いスティック状のパン
パン カッレー pan carré	m.食パン
パニーノ panino	m.パニーノ、丸い小さなパン
トゥラメッズィーノ tramezzino	m.サンドイッチ
トーストゥ toast	m.チーズとハムを挟んだ焼きサンドイッチ
カルツォーネ calzone	m.2つ折りピザ
フォカッチャ focaccia	f.フォカッチャ
ピアディーナ piadina	f.ロマーニャ地方名物の薄焼きパン
ピッツァ pizza	f.ピザ
クロスタ crosta	f.パンの皮
モッリーカ mollica	f.パンの柔らかな部分

資料編

6. 乳製品・卵

latticini	乳製品
burro	m. バター
burro fuso	m. 溶かしバター
burro chiarificato	m. 澄ましバター
formaggio	m. チーズ
formaggio da grattugiare	m. おろし用チーズ
formaggio fresco	m. フレッシュチーズ
formaggio grattugiato	m. 粉チーズ
formaggio stagionato	m. 熟成チーズ
gorgonzola	m. ゴルゴンゾーラ
grana	m. 粒状の生地の牛乳製硬質チーズの総称
Grana Padano	m. グラナ・パダーノ
latte	m. 牛乳
latte intero	m. 全乳
latte scremato	m. スキムミルク
mascarpone	m. マスカルポーネチーズ
mozzarella	f. モッツァレッラチーズ
mozzarella di bufala	f. 水牛のモッツァレッラ
mozzarella di vacca	f. 乳牛のモッツァレッラ
panna	f. 生クリーム
panna montata	f. 泡立てた生クリーム
Parmigiano Reggiano	m. パルミジャーノ・レッジャーノ
pecorino	m. ペコリーノ（羊乳の）チーズ
provolone	m. プロヴォローネ
ricotta	f. リコッタチーズ
scamorza	m. スカモルツァ
yogurt	m. ヨーグルト
siero	m. 乳清、乳しょう
muffa	f. かび
uova	卵
albume d'uovo	m. 卵白
tuorlo d'uovo	m. 卵黄
rosso d'uovo	m. 卵黄
uovo intero	m. 全卵

① grappa　② amaro　③ marsala　④ liquore　⑤ birra　⑥ vino

7. 飲み物・酒類

ベヴァンデ ビービテ bevande / bibite	飲み物
アックワ ミネラーレ acqua minerale	f. ミネラルウォーター
アックワ トニカ acqua tonica	f. トニックウォーター
アランチャータ aranciata	f. オレンジエード
カッフェー caffè	m. コーヒー
エスプレッソ espresso	m. エスプレッソ、コーヒー
カッフェッラッテ caffellatte/caffelatte	m. カフェラテ(ミルクコーヒー)
カモミッラ camomilla	f. カモミールティー
カップッチーノ cappuccino	m. カプチーノ
チョッコラータ cioccolata	f. ココア
リモナータ limonata	f. レモネード
シロッポ sciroppo	m. シロップ
スプレムータ ダランチャ spremuta d'arancia	f. オレンジの生ジュース
スッコ ディ フルッタ succo di frutta	m. フルーツジュース
テー tè	m. 紅茶
アルコーリチ alcolici	酒類
アックワヴィーテ acquavite	f. 蒸留酒
アマーロ amaro	m. 苦味酒
アペリティーヴォ aperitivo	m. 食前酒
ビッラ birra	f. ビール
ビッラ アッラ スピーナ birra alla spina	f. 生ビール
ディジェスティーヴォ digestivo	m. 食後酒
ディスティッラート distillato	m. 蒸留酒
グラッパ grappa	f. グラッパ
リクオーレ liquore	m. リキュール
マルサーラ marsala	m. マルサーラワイン
スピーリト spirito	m. アルコール

ヴェルムット vermut	m. ベルモット
ヴィーノ vino	m. ワイン
ヴィーノ アッボッカート vino abboccato	薄甘口ワイン
ヴィーノ アマービレ vino amabile	中甘口ワイン
ヴィーノ ビアンコ vino bianco	白ワイン
ヴィーノ ダ ターヴォラ vino da tavola	テーブルワイン
ヴィーノ フリッツァンテ vino frizzante	弱発泡性ワイン
ヴィーノ ロッソ vino rosso	赤ワイン
ヴィーノ ロザート vino rosato	ロゼワイン
ヴィーノ セッコ vino secco	辛口ワイン
ヴィーノ スプマンテ vino spumante	スプマンテ(発泡性ワイン)
	関連用語
カンティーナ cantina	f. ワイン醸造所、ワイン貯蔵庫
エティケッタ etichetta	f. ラベル
フェルメンタツィオーネ fermentazione	f. 発酵
グラード アルコーリコ grado alcolico	m. アルコール度
グスト gusto	m. 味
インヴェッキアメント invecchiamento	m. 熟成
モスト mosto	m. ブドウ汁
プロフーモ profumo	m. 香り
サポーレ sapore	m. 味、風味
スィジッロ sigillo	m. シール、封
スプーマ spuma	f. 泡
タッポ ディ スーゲロ tappo di sughero	m. コルク栓
ヴィーニャ vigna	f. ブドウ畑
ヴェンデンミア vendemmia	f. ブドウの収穫
ヴィーテ vite	f. ブドウの木

資料編

143

8. 料理名

ピエタンツェ pietanze	料理名
アランチーノ arancino	m. ライスコロッケ
アッロースト arrosto	m. ロースト
ビステッカ bistecca	f. ビーフステーキ
ビステッカ アッラ タルタラ bistecca alla tartara	f. タルタルステーキ
ボッリート bollito	m. ゆでた肉料理
ブラザート brasato	m. 蒸し煮
ブロデット brodetto	m. 魚介のスープの一種
ブルスケッタ bruschetta	f. ブルスケッタ
カルパッチョ carpaccio	m. カルパッチョ
コンソメー consommé	m. コンソメ
クレーマ crema	f. クリームソース、クリームスープ
コトレッタ cotoletta	f. カツレツ
クロッケッタ crocchetta	f. コロッケ
フォンドゥータ fonduta	f. フォンデュ
フリカッセーア fricassea	f. フリカッセ
フリッタータ frittata	f. オムレツ
フリット fritto	m. フライ
フリット ミスト fritto misto	m. ミックスフライ
インサラータ insalata	f. サラダ
インヴォルティーニ involtini	m.pl. ロール巻き
ミネストラ minestra	f. スープ、ミネストラ
ミネストローネ minestrone	m. (パスタまたは米入り) 野菜スープ
オムレットゥ omelette	f. オムレツ
オッソブーコ ossobuco	m. オッソブーコ

パテー paté	m. パテ
パターテ アルフォルノ patate al forno	f.pl. ベークドポテト
パターテ フリッテ patate fritte	f.pl. フライドポテト
ポレンタ polenta	f. ポレンタ
ポルペッタ polpetta	f. ミートボール
ポルペットーネ polpettone	m. ミートローフ
ポルケッタ porchetta	m. 仔豚の丸焼き
リピエーノ ripieno	m. 詰め物
リゾット risotto	m. リゾット
サルティンボッカ saltimbocca	m. サルティンボッカ
スカロッパ scaloppa	f. エスカロップ
スフォルマート sformato	m. フラン、プディング
スッフレー soufflé	m. スフレ
ストラコット stracotto	m. 肉の煮込み料理、シチュー
ストゥファート stufato	m. 蒸し煮、シチューの一種
スップリー supplì	m. ライスコロッケ
テッリーナ terrina	f. テリーヌ
トリッパ trippa	f. トリッパ (牛の胃袋) 料理
ウーミド umido	m. 汁の多い煮込み料理
ウオーヴァ イン カミーチャ uova in camicia	f.pl. ポーチドエッグ
ウオーヴァ アル ブッロ uova al burro	f.pl. 目玉焼き
ウオーヴァ アル テガミーノ uova al tegamino	f.pl. 目玉焼き
ウオーヴァ フリッテ uova fritte	f.pl. フライドエッグ
ウオーヴァ ストラパッツアーテ uova strapazzate	f.pl. スクランブルエッグ
ズッパ zuppa	f. スープ

9. ソース・だし・調味料

salse / brodo (サルセ ブロード)	ソース / だし
brodo (ブロード)	m. ブロード、だし、煮だし汁
brodo di pesce (ブロード ディ ペーシェ)	m. 魚のあらでとっただし汁
fondo (フォンド)	m. フォン、だし汁
fondo di cottura (フォンド ディ コットゥーラ)	m. 調理後に残った肉汁
fumetto (フメット)	m. フュメ
ragù (ラグー)	m. ミートソース、肉汁
salsa agrodolce (サルサ アグロドルチェ)	f. 甘酢ソース
salsa besciamella (サルサ ベシャメッラ)	f. ベシャメルソース
salsa bolognese (サルサ ボロニェーゼ)	f. ボローニャ風ソース
salsa maionese (サルサ マヨネーゼ)	f. マヨネーズ
salsa di pomodoro (サルサ ディ ポモドーロ)	f. トマトソース
salsa vinaigrette (サルサ ヴィネグレットゥ)	f. ヴィネグレットソース
sugo (スーゴ)	m. 汁、肉汁、果汁、ソース
condimenti (コンディメンティ)	調味料
aceto (アチェート)	m. 酢
aceto di vino rosso (アチェート ディ ヴィーノ ロッソ)	m. 赤ワインヴィネガー
aceto di vino bianco (アチェート ディ ヴィーノ ビアンコ)	m. 白ワインヴィネガー
aceto balsamico (アチェート バルサーミコ)	f. バルサミコ酢
concentrato di pomodoro (コンチェントラート ディ ポモドーロ)	m. トマトペースト
curry (カッリー)	m. カレー
dado da brodo (ダード ダ ブロード)	m. 固形スープ
essenza (エッセンツァ)	f. エッセンス、エキス
lievito (リエーヴィト)	m. 酵母、イースト
margarina (マルガリーナ)	f. マーガリン
marmellata (マルメッラータ)	f. マーマレード、ジャム
miele (ミエーレ)	m. 蜂蜜
mostarda (モスタルダ)	f. マスタード味のシロップ漬け果実のピクルス
olio (オーリオ)	m. 油
olio di oliva (オーリオ ディ オリーヴァ)	m. オリーブオイル
olio d'oliva aromatizzato (オーリオ ドリーヴァ アロマティッザート)	m. 芳香油
olio d'arachide (オーリオ ダラーキデ)	m. ピーナッツ油
olio extravergine di oliva (オーリオ エクストラヴェールジネ ディ オリーヴァ)	m. エクストラ・ヴァージン・オリーブオイル
olio di mais (オーリオ ディ マーイス)	m. コーン油
olio di semi vari (オーリオ ディ セーミ ヴァーリ)	m. サラダ油、調合油
passata di pomodoro (パッサータ ディ ポモドーロ)	m. トマトピューレ
sale (サーレ)	m. 塩
sale grosso (サーレ グロッソ)	m. 粗塩
zucchero (ズッケロ)	m. 砂糖
zucchero semolato (ズッケロ セモラート)	m. 白砂糖
zucchero a velo (ズッケロ ア ヴェロ)	m. 粉砂糖
zucchero vanigliato (ズッケロ ヴァニッリアート)	m. バニラシュガー

資料編

１０．調理技術

テクニケ tecniche	調理技術
アッフェッターレ affettare	薄く切る
アッフォガーレ affogare	軽くゆでる / おぼれ煮させる
アッフミカーレ affumicare	燻製にする
アッジュンジェレ aggiungere	加える
アッルンガーレ allungare	（ソースなどを）伸ばす、薄める
アッロスティーレ arrostire	（肉を）ローストする
アッロトラーレ arrotolare	巻く、ロール状にする
アシュガーレ asciugare	水気を切る、乾かす
アッサッジャーレ assaggiare	味をみる、試飲（食）する
バニャーレ bagnare	ぬらす、浸す、（液体）をかける
バッテレ battere	打つ、叩く
ボッリーレ bollire	沸騰する、ゆでる
ブラザーレ brasare	蒸し煮にする
ブルチャーレ bruciare	焼く、こがす
コンディーレ condire	味付けする、調味する、味を調える
コンジェラーレ congelare	冷凍する
コプリーレ coprire	蓋をする、覆う
クオーチェレ cuocere	加熱調理する
ア フォーコ レント（バッソ ドルチェ） a fuoco lento (basso, dolce)	弱火で
ア フォーコ モデラート（メディオ） a fuoco moderato (medio)	中火で
ア フォーコ ヴィーヴォ（アルト フォルテ） a fuoco vivo (alto, forte)	強火で
デコラーレ decorare	飾る
デグラッサーレ deglassare	デグラッセする
ディスポッレ disporre	配置する、準備する、のせる、置く
ディゾッサーレ disossare	骨抜きする（肉類）
ディッサラーレ dissalare	塩抜きする
ディヴィーデレ dividere	分ける
ドラーレ dorare	きつね色に焼く、黄金焼きにする
エリミナーレ eliminare	取り除く

ファルチーレ farcire	詰め物をする
フィルトゥラーレ filtrare	（液体を）濾す
フォルマーレ formare	形を作る、成型する
フリッジェレ friggere	揚げる、やや多めの油で焼く
グラティナーレ gratinare	グラタンにする、表面に焼き色をつける
グリッリアーレ grigliare	グリルにする
ジラーレ girare	回す、裏返す、混ぜる
グラッサーレ glassare	糖衣をかける、グラッセする
グラットゥジャーレ grattugiare	すりおろす
インパナーレ impanare	パン粉をつける
インパスターレ impastare	（小麦粉などを）練る
インファリナーレ infarinare	小麦粉をまぶす
ラルデッラーレ lardellare	背脂などを差し込む
ラヴァーレ lavare	洗う
レガーレ legare	縛る、つなぐ、リエする、濃くする
レッサーレ lessare	ゆでる
リエヴィターレ lievitare	生地を発酵させる
マチナーレ macinare	挽く、粉にする
マリナーレ marinare	マリネする
メスコラーレ mescolare	混ぜる
メッテレ mettere	置く、入れる
モンターレ montare	泡立てる、膨らませる
パッサーレ passare	濾す、裏ごしする、通す、手渡す
ピエガーレ piegare	折り曲げる、折りたたむ
プレパラーレ preparare	準備する、下ごしらえする
プリーレ pulire	掃除する、きれいにする
プンジェレ pungere	（フォークなどで）突いて穴をあける
ラッフレッダーレ raffreddare	冷やす
リドゥッレ ridurre	煮詰める、縮める
リポザーレ riposare	寝かせる、休める

affettare 薄く切る

sbucciare 皮をむく

schiacciare つぶす

tritare みじん切りする

sfilettare フィレにおろす

tagliare in tranci 魚を筒切りにする

scolare 水気を取る

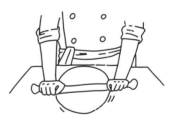

stendere （生地を麺棒で）のばす

montare 泡立てる

condire 味付けする

資料編

リスカルダーレ riscaldare	熱する、温め直す	トゥリフォラーレ trifolare	ニンニクとパセリで炒める
ロゾラーレ rosolare	キツネ色に焼く、焼き色をつける	ヴェルサーレ versare	注ぐ
サラーレ salare	塩をする	ヴォルターレ voltare	ひっくり返す
サルターレ saltare	ソテーする、炒める	ウニーレ unire	合わせる
ズバッテレ sbattere	攪拌する、（卵を）かき混ぜる	ア バニョマリーア a bagnomaria	湯煎で
ズボッレンターレ sbollentare	湯通しする、さっとゆでる	ア ボッローレ a bollore	沸騰した
ズブッチャーレ sbucciare	皮をむく、鞘を取る	アル ブッロ al burro	バターソテーした、バター風味の
スカルダーレ scaldare	温める	アル カルトッチョ al cartoccio	紙包み焼きの
スキアッチャーレ schiacciare	つぶす	アル フォルノ al forno	オーブンで焼いた
スキウマーレ schiumare	泡を取る、あくを取る	アッラ グリッリア alla griglia	網焼きの
ショッリエレ sciogliere	溶かす、溶ける	アッラ ムニャーイア alla mugnaia	ムニエルの
シャックアーレ sciacquare	ゆすぐ、すすぐ	アッロ スピエード allo spiedo	大串焼きの
スコンジェラーレ scongelare	解凍する	アル ヴァポーレ al vapore	蒸した
スコッターレ scottare	焼く、生焼きにする、熱湯にくぐらす	ア ストラーティ a strati	重ねて
スコラーレ scolare	水気を取る	イン ポルヴェレ in polvere	粉末状の
セタッチャーレ setacciare	ふるいにかける	イン サラモーイア in salamoia	塩水漬けの
スフィレッターレ sfilettare	フィレにおろす	イン スカートラ in scatola	缶詰の
ソッフリッジェレ soffriggere	軽く揚げる、軽く炒める	イ ヌーミド in umido	煮込みの
スピナーレ spinare	（魚の）骨を取る	ソッタ チェート sotto(sott')aceto	酢漬けの
スペッツァーレ spezzare	砕く、割る、折る	ソット ーリオ sotto(sott')olio	油漬けの
スクワマーレ squamare	うろこを取る	アル サングエ al sangue	（肉の焼き加減）レアの
ステンデレ stendere	広げる、伸ばす	ア プント a punto	（肉の焼き加減）ミディアムの
ストリッツァーレ strizzare	（水分を切るために）絞る	ベン コッタ ben cotta	（肉の焼き加減）ウエルダン、よく焼いた
ストロフィナーレ strofinare	（ニンニクなどを）こすりつける	アル デンテ al dente	歯ごたえのある固さに
ストゥファーレ stufare	煮込む		
スルジェラーレ surgelare	急速冷凍する		
タッリアーレ tagliare	切る		
テネーレ tenere	状態を保つ		
トスターレ tostare	トーストする		
トゥリターレ tritare	刻む、みじん切りする、ミンチにかける		

11．調理器具

ウテンスィリ utensili	調理器具
アッチャイオーロ アッチャイーノ acciaiolo, acciaino	m.包丁砥ぎ棒
アッフェッタトゥリーチェ affettatrice	f.スライサー
アーゴ ベル ラルデッラーレ ago per lardellare	m.ピケ針
アプリスカートレ apriscatole	m.缶きり
バッティカルネ batticarne	m.肉叩き
ブスタ ディ ポリエティレーネ busta di polietilene	f.ポリエチレンの袋
カルタ ダッルミーニオ carta d'alluminio	f.アルミホイル(carta stagnola)
カッセルオーラ casseruola	f.キャセロール
カヴァタッピ cavatappi	m.栓抜き
チョートラ ciotola	f.碗、ボウル
コリーノ colino	m.こしき、茶こし
コルテッリーノ coltellino	m.ペティナイフ
コルテッロ coltello	m.包丁、ナイフ
コルテッロ ベル ディゾッサーレ coltello per disossare	m.骨すき包丁
コルテッロ ベル フォルマッジョ coltello per formaggio	m.チーズ用ナイフ
コルテッロ ベル サルモーネ coltello per salmone	m.サーモン用包丁
コンテニトーレ contenitore	m.容器
コベルキオ coperchio	m.蓋
フォルビチ forbici	f.pl.はさみ
フォルケットーネ forchettone	m.調理用フォーク(カービングフォーク)
フルッラトーレ frullatore	m.ミキサー
フルッリーノ frullino	m.ハンドミキサー
フルスタ frusta	f.泡だて器
グラットゥージャ grattugia	f.おろし器
グラットゥージャ ベル フォルマッジョ grattugia per formaggio	f.チーズおろし器
インブート imbuto	m.じょうご
ラ マ lama	f.刃
マチナカッフェー macinacaffè	m.コーヒーミル

マチナ ペ ー ベ macinapepe	m.コショウ挽き
マチニーノ macinino	m.ミル(コーヒーやコショウ)
マーニコ manico	m.(包丁、鍋の)柄、握り
マッテレッロ matterello	m.めん棒
メストロ mestolo	m.レードル
メッザルーナ mezzaluna	f.チョッパー（みじん切り用）
ミズリーノ misurino	m.メジャーカップ
モッレ ピンツェ molle / pinze	f.pl.トング
モルターイオ mortaio	m.乳鉢
パ デッラ padella	f.フライパン
パッサヴェルドゥーラ passaverdure	m.野菜漉し器
ベーラフルッタ pelafrutta	m.果物の皮むき器
ベーラパターテ pelapatate	m.(ジャガイモの)皮むき器
ベッリーコラ pellicola	f.ラップフィルム
ベンネッロ pennello	m.刷毛
ベントラ pentola	f.鍋
プラッカ placca	f.天板
プンタ デル コルテッロ punta del coltello	f.包丁の切っ先
ラスキア raschia	f.スケッパー
ロテッラ タッリアパスタ rotella tagliapasta	f.パイカッター
スカヴィーノ scavino	m.野菜くりぬき器
スキウマローラ schiumarola	f.穴あきレードル
スキアッチャパターテ schiacciapatate	m.ポテトマッシャー
スコラパスタ コラパスタ scolapasta / colapasta	m.パスタ用水切り
セタッチョ setaccio	m.裏ごし器、ふるい
ズノッチョラトーレ snocciolatore	m.種抜き器
スピアナトーイア spianatoia	f.麺台
スピエード spiedo	m.焼き串、鉄串(spiedinoは小型)
スパートラ spatola	f.スパテラ、へら、しゃもじ

資料編

スタンポ stampo	m.型		アックワカルダ acqua calda	f.湯
タッリエーレ tagliere	m.まな板		アッチェンデレ accendere	(火・照明を)つける
タスカ tasca	f.絞り袋		スペーニェレ spegnere	(火・照明を)消す
テガーメ tegame	m.片手、または両手つき浅鍋		ボットーネ bottone	m.スイッチ
テガミーノ tegamino	f.小型の浅鍋		エレットゥリチター elettricità	f.電気
テッリア teglia	f.天板、パイ皿、天火皿、浅鍋		ガス gas	m.ガス
テルモーメトゥロ termometro	m.温度計		ルーチェ luce	f.電灯、照明
トゥリタカルネ tritacarne	m.肉挽き器		ルビネット rubinetto	m.(水道の)蛇口、(ガスの)コック
	その他		テンペラトゥーラ temperatura	f.温度
アックワ acqua	f.水		ウミディター umidità	f.湿度

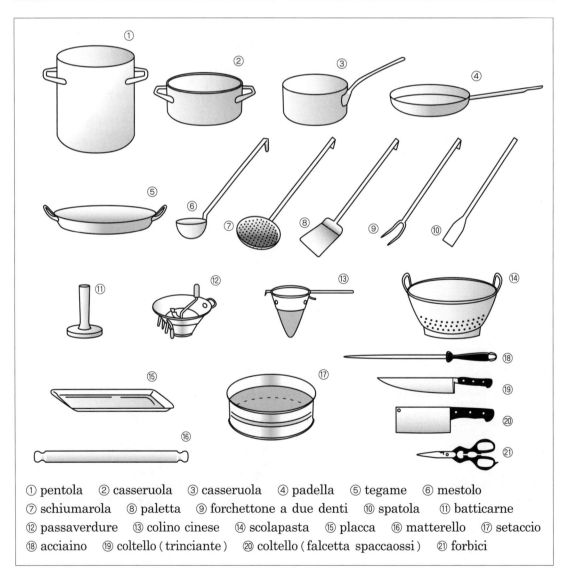

① pentola ② casseruola ③ casseruola ④ padella ⑤ tegame ⑥ mestolo
⑦ schiumarola ⑧ paletta ⑨ forchettone a due denti ⑩ spatola ⑪ batticarne
⑫ passaverdure ⑬ colino cinese ⑭ scolapasta ⑮ placca ⑯ matterello ⑰ setaccio
⑱ acciaino ⑲ coltello(trinciante) ⑳ coltello(falcetta spaccaossi) ㉑ forbici

１２．調理機器

アットゥレッツァトゥーレ **attrezzature**	調理機器
ビランチャ bilancia	f.はかり
コンジェラトーレ congelatore	m.冷凍庫
フリゴリーフェロ frigorifero	m.冷蔵庫
フォルネッロ fornello	m.pl.レンジ
フォルノ forno	m.オーブン
フォルノ ア コンヴェツィオーネ forno a convezione	m.コンヴェクション・オーブン
フォルノ ア ミクロオンデ forno a microonde	m.電子レンジ
フリッジトゥリーチェ friggitrice	f.フライヤー
アッバッティトーレ abbattitore	m.急速冷却器

グリッリア griglia	f.グリル
サラマンドラ salamandra	f.サラマンダー
マッキナ ペル パスタ macchina per pasta	f.パスタマシン
ジェラティエーラ gelatiera	f.アイスクリームマシーン
カッパ アスピランテ cappa(aspirante)	f.換気用フード、ダクト
ターヴォロ ダ ラヴォーロ tavolo da lavoro	m.仕事台
パッス passe	f.デシャップ台
アックアイオ acquaio	m.シンク
アルマーディオ armadio	m.棚
クオチパスタ　ボッリトーレ cuocipasta / bollitore	f./m.パスタゆで器 / 野菜ゆで器

１３．調理人の服装

ディヴィーザ デル クオーコ **divisa del cuoco**	調理人の服装
カッペッロ cappello	m.帽子
ジャッカ giacca	f.上着、コート
ファッツォレット fazzoletto	m.ハンカチ、タイ

グレンビューレ grembiule	m.エプロン
パンタローニ pantaloni	m.pl.ズボン
カノヴァッチョ／トルチョーネ canovaccio / torcione	m.ふきん / トルション
スカルペ scarpe	f.pl.シューズ

１４．レストラン

リストランテ **ristorante**	レストラン
ビッキエーレ bicchiere	m.グラス
クッキアーイオ cucchiaio	m.スプーン
フォルケッタ forchetta	f.フォーク
ポザータ posata	f.ナイフ、フォーク、スプーンの一揃い
ピアット piatto	m.皿
ピアット フォンド piatto fondo	m.スープ皿
ピアット ダ ポルタータ piatto da portata	m.大皿

ピアット ディ セルヴィッツィオ piatto di servizio	m.大皿
スコデッラ scodella	f.スープ皿、はち
ソットピアット sottopiatto	m.受け皿
タッツァ tazza	f.カップ
トヴァッリア tovaglia	f.テーブルクロス
トヴァッリオーロ tovagliolo	m.ナプキン
ヴァッソーイオ vassoio	m.トレイ、盆、大皿
ズッピエーラ zuppiera	f.蓋つきスープ鉢

資料編

151

調理場（cucina クチーナ）の見取り図

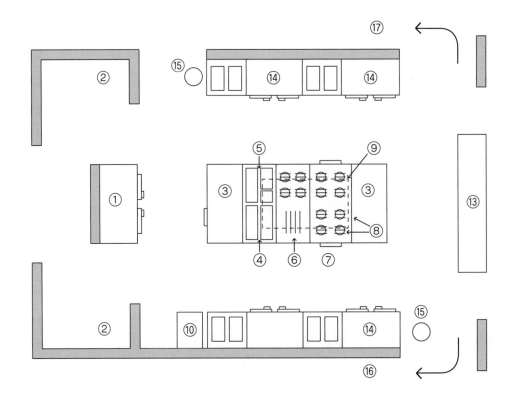

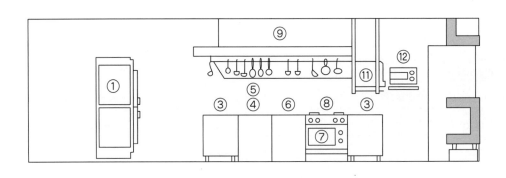

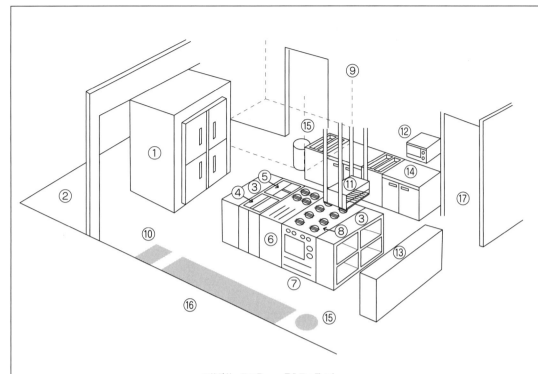

① 冷蔵庫（frigorifero = armadio frigorifero）
② 食品貯蔵庫（magazzino / dispensa）
③ 仕事台（tavolo da lavoro）
④ フライヤー（friggitrice）
⑤ パスタ・野菜ゆで器（cuocipasta = bollitore）
⑥ グリル（griglia）
⑦ オーブン（forno）
⑧ レンジ（fornelli = cucina a quattro fuochi）
⑨ 換気用フード（cappa aspirante）
⑩ 急速冷却器（abbattitore di temperatura）
⑪ サラマンダー（salamandra）
⑫ 電子レンジ（forno a microonde）
⑬ デシャップ台（passe）
⑭ シンク[流し]付仕事台（piano di lavoro con lavello）
⑮ ごみ入れ（pattumiera）
⑯ 洗い場（lavaggio pentole）
⑰ デザート部門（pasticceria）

資料編

主要参考文献

Lo Zingarelli 2001　Vocabolario della lingua italiana, Zanichelli

Enciclopedia della cucina regionale italiana　Boroli Editore, 1993

Enciclopedia pratica della cucina, Istituto Geografico De Agostini 2005

Paolo Gentili *Laboratorio di Cucina 1,*　Calderini,　2004

Paolo Gentili *Laboratorio di Cucina 2,*　Calderini,　2004

Jeni Wright & Eric Treuille　*Le Cordon Bleu Scuola di Cucina*, edizione italiana, 2009

Giorgio Mistretta(curatore) *Sapori d'Italia*, Istituto Geografico De Agostini, 1999

Enoteca Italiana Siena *La carta dei vini DOC e DOCG*, 2006

Specialita d'Italia, le regioni in cucina, Culinaria Konemann, 2000

Cucina Tradizionale Italiana, Istituto Geografico De Agostini, 2002

La Nuova Cucina d'Oro　2000 ricette,　Mondadori Electa, 2000

Cucina Toscana　Tradizione e innovazione, Mondadori Electa, 2003

『イタリア地方料理の探求』　柴田書店、2005 年

池田　匡克・池田　愛美著『イタリアの市場を食べ歩く』　東京書籍、2004 年

安部薫著　『メニューの読み方書き方』　白水社、2004 年

吉川敏明、板倉康子著、エルマンノ・アリエンティ監修　『スグに役立つ料理のイタリア語』　柴田書店、1994 年

町田亘著　『料理イタリア語の入門』　白水社、2007 年

町田亘・吉田政国編　『イタリア料理用語辞典』　白水社、2008 年

坂本鉄男著　『現代イタリア文法』　白水社、2001 年

岸朝子　監修　『イタリアン手帳』　東京書籍、2011 年

郡　史郎著　『話したい人のイタリア語入門』　NHK 出版、1999 年

Dedicato alla memoria di Toru Shiokawa

著者略歴

蔵本　浩美（くらもと　ひろみ）
山口県出身。西南学院大学文学部博士前期過程終了。
一時専門学校でフランス語を教えるものの、イタリアオペラに魅了され1991年に渡伊。フィエーゾレ音楽院で声楽を学ぶ。その後フィレンツェの旅行代理店で働く。現在はフリーランスの通訳・翻訳・コーディネーター・観光ガイドとして、特に音楽・美術・歴史・食などの各専門分野で活動している。イタリア政府公認フィレンツェ県及びシエナ県観光ガイド免許有。フィレンツェ在住。

塩川　由美（しおかわ　ゆみ）
福岡県出身。九州大学文学部卒。
1970年の渡欧をきっかけにフランス、イタリアの食文化に興味を持つ。その後長年にわたり調理製菓専門学校、ホテル専門学校で「調理・製菓フランス語」を教え、その現場での体験を基に制作したテキストが好評を博す。
今回、故・塩川徹（前述のテキストを監修し、自身のイタリア留学の経験とイタリア文化への思いから、新たに調理イタリア語のテキスト作りに取り組んできた）の遺志を継ぎ、本書の制作に当たる。
著書「現場からの調理フランス語」調理栄養教育公社（共著）2006年
　　　「新・現場からの調理フランス語」G.B.（共著）2010年
　　　「現場からの製菓フランス語」調理栄養教育公社（共著）2008年
　　　「新・現場からの製菓フランス語」G.B.（共著）2014年

編　集	松橋　耕
協　力	中井　美訪子（イタリア語監修）
	Sabrina Lanzoni
	佐藤　恵一
イラスト	大熊　悠
校　正	後藤　真由美
	塩川　毅

現場からの調理イタリア語

2012年8月5日	初版発行	定価：本体1,800円＋税
2016年3月10日	初版第2刷発行	
2017年3月10日	初版第3刷発行	
2018年3月10日	初版第4刷発行	
2020年3月10日	第2版第1刷発行	
2023年3月28日	第2版第2刷発行	

著　者　蔵本　浩美
　　　　塩川　由美
監　修　塩川　徹
発行人　坂尾　昌昭
発行所　株式会社G.B.
　　　　〒102-0072　東京都千代田区飯田橋4-1-5
電　話　03-3221-8013（営業／編集）
ＦＡＸ　03-3221-8814（ご注文）
ＵＲＬ　http://www.gbnet.co.jp
印刷所　凸版印刷株式会社

＜検印省略＞

落丁・乱丁本はお取り替えいたします。
Printed in Japan　ISBN978-4-906993-36-9

現場からの
調理イタリア語

別　冊

読み仮名の表記について

実際にネイティヴが発音するイタリア語はアクセントの強弱が豊かで、単語の組み合わせによって同じ単語でも音の長さが変化したり、2つの単語の語尾と語頭がつながって別な音になることがしばしばあります。日本語のカタカナでそれを100％表記することは不可能ですが、本書では「現場からの〜」の主旨に従い、できるだけ実際の発音に近い表記をとりました。

基礎編

p.17　練習問題
① 男性名詞　　② 女性名詞　　③ 男性名詞　　④ 男性名詞　　⑤ 女性名詞
⑥ 女性名詞　　⑦ 男性名詞　　⑧ 男性名詞　　⑨ 男性名詞　　⑩ 女性名詞

p.21　練習問題
1）① fragole　② porri　③ pere　④ lattughe　⑤ peperoni　⑥ calamari
2）① la　　　② l'　　　③ il　　　④ i　　　　⑤ gli　　　⑥ le

p.23　練習問題
① 魚のテリーヌ
② アカザエビとアスパラガスのサラダ
③ 大麦とインゲン豆のスープ
④ ズッキーニの花のフライ
⑤ ボルゴターロ産ポルチーノ茸のスープ

p.29　練習問題
1）① alla　② al　③ ai　④ al　⑤ agli　⑥ alla　⑦ al　⑧ alla　⑨ al　⑩ all'
2）① 野菜（であえた）のタリアテッレ　　② 干しダラのヴィチェンツァ風
　　③ 鯛の包み焼き　　④ 鴨のオレンジ風味　　⑤ 牛肉の蒸し煮 バローロワイン風味
　　⑥ 仔羊の骨付き背肉の香草風味

p.33　練習問題
1）① giallo　　② nero　　③ bianchi　　④ calda　　⑤ verde
　　⑥ ripieni　⑦ secchi　⑧ crude　　⑨ novelle　⑩ piccola, bianca
2）① fresca　② misto　③ ripieni　④ cruda　⑤ rosso　⑥ bianco

p.37　練習問題
① marinate　　ニシンのマリネ　　　　　　② affogato　　タコのおぼれ煮
③ fritti　　　　ポルチーニ茸のフライ　　　④ farciti　　　ズッキーニの花の詰め物
⑤ gratinati　　ウイキョウのグラタン　　　⑥ arrostite　　ローストポテト
⑦ grigliato　　鮭の網焼き ローズマリー風味　⑧ cotte　　　リンゴの赤ワイン煮

p.39　練習問題
① アスパラガスの卵添え　　　　　② ブロッコリーのオレッキエッテ
③ ジャガイモと玉ネギのオムレツ　④ アカザエビのリゾット
⑤ イワシのパスタ シチーリア風

p.41　練習問題
① 目玉焼き　　　　② ウナギの煮込み　　　　③ カエルの煮込み
④ ウサギの甘酢仕立て　⑤ ヤリイカの黒い（イカ墨）ソース　⑥ 肉巻のゼリー寄せ
⑦ オレンジのサラダ シチーリア風

p.43　料理名の書き方　　日本語訳（上から順に）

- サラダ　/　トマトのサラダ
- トレヴィーゾ産チコリのサラダ
- 冷製スープ / 黒いリゾット（イカ墨のリゾット）
- バジル風味のトマトサラダ
- クルミ入りのグリーンサラダ
- ピエモンテ風アニョロッティ / 漁師風スパゲッティ
- 牛肉の蒸し煮 / 仔羊の骨付き背肉のロースト
  鮭のフィレの紙包み焼き　/ 目玉焼き
- パイナップル風味の豚フィレ肉　/ アサリのスパゲッティ
- 鶏の胸肉　日本風　/ ロッシーニ風マカロニ
- 鶏モモ肉のあみ焼き　フライドポテト添え
- マトウダイ　サフラン風味のソース添え
- ナポリ風魚のスープ　ニンニク風味のクルトン入り

p.44, p.45　総合練習問題

１）1. 新鮮なマグロのカルパッチョ

2. ジャガイモのニョッキ　4種類のチーズ風味

3. ブロッコリーとアンチョビのオレッキエッテ

4. 詰め物をしたヤリイカのオーブン焼き

5. タコのおぼれ煮　ナポリ風

6. 仔羊の骨付き背肉のロースト　ローズマリー風味

7. 牛フィレ肉　ズッキーニの花のフライ添え

8. 洋ナシのババロワ　チョコレートソース

２）1. Crema di porri con pancetta croccante

2. Spaghetti con pomodoro crudo e pecorino

3. Insalata di anatra affumicata all' aceto balsamico

4. Gamberetti gratinati alle erbe

5. Orata di Akashi in crosta di sale

6. Quaglie farcite con fichi e noci

7. Fegato di vitello alla griglia con funghi saltati

8. Guancia di manzo brasata al vino rosso

応用編

リチェッタの読み仮名

ブルスケッタ アッラ ロマーナ
p. 48 Bruschetta alla romana

テンポ ディ プレパラツィオーネ	チンクエ ミヌーティ
Tempo di preparazione	5 minuti
テンポ ディ コットゥーラ	チンクエ ミヌーティ
Tempo di cottura	5 minuti

イングレディエンティ ペル クワットゥロ ペルソーネ
Ingredienti per 4 persone

クワットゥロ フェッテ ディ パーネ カザレッチョ
4 fette di pane casareccio

ドゥエ ポモドーリ ダ インサラータ
2 pomodori da insalata

ドゥエ スピッキ ダッリオ
2 spicchi d'aglio

クワットゥロ クッキアーイ ディ オーリオ ドリーヴァ
4 cucchiai di olio d'oliva

ウン クッキアイーノ ディ カッペリ　　　サーレ エ ペーペ
1 cucchiaino di capperi　　　sale e pepe

ファーテ トスターレ レ フェッテ ディ パーネ ネル フォルノ ア ドゥエチェント グラーディ ペル チンクエ ミヌーティ ヴォルタンドレ
Fate tostare le fette di pane nel forno a 200 °C per 5 minuti voltandole
ウーナ ヴォルタ
una volta.

ズブッチャーテ ラッリオ エ ストロフィナーテ コヌ ーノ スピッキオ チャスクーナ フェッタ ダ ウーナ ソーラ パルテ
Sbucciate l'aglio e strofinate con uno spicchio ciascuna fetta da una sola parte.

アッフェッターテ イ ポモドーリ エ ディストゥリブイーテリ エクアメンテ スッレ フェッテ ディ パーネ コンディーテ コン サーレ
Affettate i pomodori e distribuiteli equamente sulle fette di pane, condite con sale ,

ペーペ イル レスタンテ アッリオ トゥリタート コニー カッペリ コンプレターテ コン ローリオ エ セルヴィーテ
pepe, il restante aglio tritato con i capperi, completate con l'olio c servite.

p. 49 材料と分量の表しかた

ドゥエ ポモドーリ
2 pomodori

ウーナ スピーゴラ
1 spigola

ディエーチ グラッミ ディ ファリーナ
10 g (grammi) di farina

ウネット ディ ペコリーノ エッティ
1 etto di pecorino (etti)

ウン キログランモ ディ マンゾ キログランミ
1 kg (chilogrammo) di manzo (chilogrammi)

ウン リートゥロ ディ ブロード リートゥリ
1 l (litro) di brodo (litri)

ウン デチーリトゥロ ディ パンナ デチーリトゥリ
1 dl (decilitro) di panna (=100 cc) (decilitri)

ウン クッキアーイオ ディ オーリオ
un cucchiaio di olio

ウン クッキアイーノ ディ サーレ
un cucchiaino di sale

ウーナ タッツァ ディ ファリーナ
una tazza di farina

ウン ビッキエーレ ディ ラッテ
un bicchiere di latte

ウン メストロ ディ ブロード
un mestolo di brodo

p. 53 キーワード（1）

アッフェッターテイ ポモドーリ エ ディストゥリブイーテリ
Affettate i pomodori e distribuiteli.

ファーテ トスターレ レ フェッテ ディ パーネ ヴォルタンドレ ウーナ ヴォルタ
Fate tostare le fette di pane voltandole una volta.

エリミナーテ イル コンディメント リマスト イン パデッラ ヴェルサーテヴィ イル マルサーラ
Eliminate il condimento rimasto in padella, versatevi il marsala.

メスコラーテ イル リゾット ヴェルサンド アルトゥロ ブロード
Mescolate il risotto, versando altro brodo.

ロゾラーテ イ フィレッティ ディ マンゾ アッジュンジェンドローリオ
Rosolate i filetti di manzo aggiungendo l'olio.

セルヴィーテ ラ パンナ コッタ グワルネンド コン ラ フルッタ
Servite la panna cotta guarnendo con la frutta.

アッジュンジェーテイ フンギ ラヴァーティ エ アッフェッターティ コニール トゥリート ディ プレッツェーモロ
Aggiungete i funghi, lavati e affettati, con il trito di prezzemolo.

コッタ ラ カルネ トッリエーテラ ダッラ パデッラ
Cotta la carne, toglietela dalla padella.

p. 54 参考　　　　　上から順に

ウーノ スピッキオ ダッリオ
uno spicchio d'aglio

ウーナ フェッタ ディ パーネ
una fetta di pane

ウーナ コスタ ディ セーダノ　ウン ガンボ ディ セーダノ
una costa di sedano / un gambo di sedano

ウン チェスポ ディ ラットゥーガ
un cespo di lattuga

ウーナ フォッリア ディ バズィーリコ ウーナ タッツァ ディ ファリーナ
una foglia di basilico, una tazza di farina

ウン ラメット ディ ロズマリーノ
un rametto di rosmarino

ウン マッツェット ディ ルーコラ
un mazzetto di rucola

ウーナ トゥランチャ ディ サルモーネ
una trancia di salmone

ウン グラッポロ ディ ウーヴァ
un grappolo di uva

ウーナ ブスティーナ ディ リエーヴィト イン ポルヴェレ
una bustina di lievito in polvere

ウン ポッロ ディ キログラッミ ウーノ ヴィルゴラ チンクエ チルカ
1 pollo di　kg　　　　　1,5* 　circa

クワットゥロ ソッリオレ ディ ドゥエチェント グラッミ ルーナ
4　sogliole di　200　　g　l'una

ウーナ マンチャータ ディ プレッツェーモロ
una manciata di prezzemolo

ウン プーニョ ディ パルミジャーノ グラットゥジャート
un pugno di parmigiano grattugiato

ウン ピッツィコ ディ サーレ ウーナ プレーザ ディ サーレ
un pizzico di sale / una presa di sale

ウン ゴッチョ ディ ヴィーノ
un goccio di vino

ウーナ プンタ ディ ペペロンチーノ
una punta di peperoncino

ウン キーロ エ メッゾ
*口語では un chilo e mezzo と言う。

q.b. = quanto basta

qualche qualche foglia di basilico

alcuno alcune foglie di basilico

p. 56 Spaghetti alle vongole

Tempo di preparazione	5	minuti
Tempo di cottura	8	minuti

Ingredienti per 4 persone

400	g	di spaghetti
800	g	di vongole
2	spicchi d'aglio	
1	dl	di olio d'oliva
una manciata di prezzemolo		
sale e pepe q.b.		

Lavate le vongole in abbondante acqua. Mettetele in un tegame con due spicchi d'aglio tritati e l'olio e fatele aprire a fuoco vivo.
Salatele, pepatele, cospargetele con una manciata di prezzemolo tritato;
quando saranno tutte aperte ritirate il tegame dal fuoco.
Avrete intanto lessato gli spaghetti in abbondante acqua salata; scolateli e conditeli con le vongole.

p. 59 キーワード（2）

tagliare a dadini / a fette / a bastoncini

a fuoco basso (lento, dolce) / a fuoco medio / a fuoco vivo

Lavorate a lungo.

Cuoceteli al vapore. / Cuoceteli al dente.

Passate le patate al setaccio.

Portate ad ebollizione abbondante acqua.

セルヴィーテ コン クロスティーニ ディ パーネ
Servite con crostini di pane.

ソッフリッジェーテ イル トゥリート イヌ ン テガーメ コン ローリオ
Soffriggete il trito in un tegame con l'olio.

ズバッテーテ コヌ ーナ フルスタ
Sbattete con una frusta.

レッサーテ レ パターテ イナ ックワ サラータ
Lessate le patate in acqua salata.

タッリアーテ ラ メーラ イン ドゥーエ
Tagliate la mela in due.

ペル チンクエ ミヌーティ　　　　ペル セーイ ペルソーネ
per 5 minuti / per 6 persone

ソープラ イル ターヴォロ チ ソーノ トゥレ アランチェ
Sopra il tavolo, ci sono tre arance.

ソット イル ターヴォロ ダ ラーヴォロ チェッ イル フリゴリーフェロ
Sotto il tavolo da lavoro, c'è il frigorifero.

ス ウーナ スピアナトーイア メッテーテ ラ ファリーナ ア フォンターナ
Su una spianatoia, mettete la farina a fontana.

p. 60 Moscardini in umido
モスカルディーニ イヌ ーミド

テンポ ディ プレパラツィオーネ	ヴェンティ ミヌーティ
Tempo di preparazione	20 minuti
テンポ ディ コットゥーラ	ウノ ーラ エ トゥレンタ ミヌーティ
Tempo di cottura	1 ora e 30 minuti

イングレディエンティ ペル クワットゥロ ペルソーネ
Ingredienti per 4 persone

ウン キログラッモ ディ モスカルディーニ
1 kg di moscardini

クワットゥロチェント グラッミ ディ パッサータ ディ ポモドーロ
400 g di passata di pomodoro

クワットゥロ クッキアーイ ディ オーリオ ドリーヴァ
4 cucchiai di olio d'oliva

ウーノ スピッキオ ダッリオ
1 spicchio d'aglio

ウン ペペロンチーノ　　　　サーレ
1 peperoncino, sale

プリーテ イ モスカルディーニ ズヴゥオタンドリ エ プリヴァンドリ　デリョッキ エ デル ベッコ ラヴァーテリ エ バッテーテリ
Pulite i moscardini svuotandoli e privandoli degli occhi e del becco, lavateli e batteteli
コヌ ン バッティカルネ
con un batticarne.

メッテーテ イヌ ーナ カッセルオーラ ディ コッチョ ローリオ ロ スピッキオ ダッリオ ズブッチャート エ スキアッチャート
Mettete in una casseruola di coccio l'olio, lo spicchio d'aglio sbucciato e schiacciato,
イル ペペロンチーノ ラ パッサータ ディ ポモドーロ クワルケ クッキアーイオ ダックワ エイ モスカルディーニ
il peperoncino, la passata di pomodoro, qualche cucchiaio d'acqua e i moscardini.
サラーテ コプリーテ コヌ ン フォッリオ ディ カルタ ダ フォルノ エ コニ ール コペルキオ ソープラ イル クワレ
Salate, coprite con un foglio di carta da forno e con il coperchio, sopra il quale
メッテレーテ ウン ペーゾ エ ファーテ クオーチェレ ペル チルカ ウノ ーラ エ トゥレンタ ミヌーティ ア フオーコ バッスィスィモ
metterete un peso, e fate cuocere per circa 1 ora e 30 minuti, a fuoco bassissimo,
スクオテンド ディ タント イン タント イル レチピエンテ アッフィンケー イル コンテヌート ノン スィ アッタッキ アル
scuotendo di tanto in tanto il recipiente affinché il contenuto non si attacchi al
フォンド トッリエーテ イル コペルキオ エ ラ カルタ ダ フォルノ エ セルヴィーテ
fondo. Togliete il coperchio e la carta da forno e servite.

p. 64 Filetto di manzo con salsa al marsala

Tempo di preparazione	20 minuti
Tempo di cottura	25 minuti

Ingredienti per 4 persone

600 g di filetto di manzo	
30 g di burro	
60 cl di olio di oliva	
5 cucchiai di marsala	
15 cl di fondo bruno di vitello	sale e pepe

Tagliate il filetto in 4 medaglioni, legate ciascuno con spago da cucina, salateli e pepateli. Rosolateli in padella con 40 cl di olio a fuoco medio, 3 - 4 minuti per lato, aggiungendo il restante olio a metà cottura, quindi sgocciolateli e teneteli in caldo.

Eliminate l'olio in eccesso dalla padella, versatevi il marsala e lasciatelo evaporare quasi interamente; unite il fondo bruno di vitello e riducetelo della metà. Rimettete nella padella i filetti slegati per insaporirli a fuoco medio per 2-3 minuti. Disponete i filetti nei piatti individuali caldi, spegnete il fuoco ed emulsionate la salsa incorporando gradatamente 30 g di burro a pezzetti, freddo di frigorifero. Versate la salsa sopra i filetti aiutandovi con un cucchiaio e serviteli guarniti con verdure cotte o crude.

p. 68 Panna cotta con la frutta

Tempo di preparazione	30 minuti più i tempi di ammollo, raffreddamento e rassodamento
Tempo di cottura	10 minuti

イングレディエンティ ペル クワットゥロ ペルソーネ
Ingredienti per 4 persone

チンクエ デチーリトゥリ ディ パンナ リークイダ
5 dl di panna liquida

チンクエ デチーリトゥリ ディ ラッテ インテーロ
5 dl di latte intero

チェントチンクワンタグラッミ ディ ズッケロ ア ヴェーロ
150 g di zucchero a velo

セーイ フォッリ ディ ジェラティーナ
6 fogli di gelatina

チンクエ クッキアーイ ディ ルム
5 cucchiai di rum

ドゥエ クッキアーイ ディ マルサーラ ドルチェ
2 cucchiai di marsala dolce

ウーナ ステッカ ディ ヴァニッリア
1 stecca di vaniglia

ペル ラ グワルニツィオーネ
Per la guarnizione

トゥレチェント グラッミ ディ フルッティ ディ ボスコ　ウン キーウィ
300 g di frutti di bosco / 1 kiwi

メッテーテ ラ ジェラティーナ イン アンモッロ イン アックワ フレッダ ペル ディエーチ ミヌーティ ファーテ スカルダーレ イル
Mettete la gelatina in ammollo in acqua fredda per 1 0 minuti. Fate scaldare il

ラッテ イヌ ーナ カッセルオーラ スペニェーテ ラ フィアンマ ウニーテ ラ ジェラティーナ エ ファーテラ ショッリエレ
latte in una casseruola, spegnete la fiamma, unite la gelatina e fatela sciogliere

メスコランドラ
mescolandola.

イヌ ーナルトゥラ カッセルオーラ メッテーテ ラ パンナ コン ロ ズッケロ ア ヴェーロ エ ラ ヴァニッリア エ
In un' altra casseruola mettete la panna con lo zucchero a velo e la vaniglia e

ファーテラ リスカルダーレ トッリエーテ ラ ヴァニッリア リウニーテ イヌ ヌーニコ レチピエンテ ラ ジェラティーナ ショルタ
fatela riscaldare. Togliete la vaniglia, riunite in un unico recipiente la gelatina sciolta

エラ パンナ コン ロ ズッケロ エディルイーテ コニール ルム エイル マルサーラ
e la panna con lo zucchero e diluite con i l rum e i l marsala.

メスコラーテ ベーネ エ ヴェルサーテ イン スタンピーニ インディヴィドゥアーリ ラシャーテ ケ ラ パンナ
Mescolate bene e versate in stampini individuali. Lasciate che la panna

コッタ スィ ラッフレッディ エ メッテーテラ ア ラッソダーレ イン フリゴリーフェロ ペル アルメーノトゥレ オーレ
cotta s i raffreddi e mettetela a rassodare in frigorifero per almeno 3 ore.

スフォルマーテイ スィンゴリ スタンピーニ ドーポ アヴェールリ パッサーティ ヴェロチェメンテ イナックワ モルト カルダ
Sformate i singoli stampini, dopo averli passati velocemente in acqua molto calda,

ネイ ピアッティ インディヴィドゥアーリ エ セルヴィーテ ラ パンナ コッタ グワルネーンドラ コン ラ フルッタ
nei piatti individuali e servite la panna cotta guarnendola con la frutta.

p. 72 キーワード（3）

ドーポ アヴェール ラヴァート イル ペーシェ プリーテロ ベーネ　ドーポ チンクエ ミヌーティ
Dopo aver lavato i l pesce, pulitelo bene. dopo 5 minuti

フィーノ アデ ボッリツィオーネ
fino ad ebollizione

インパスターテ フィーノ アドッテネーレ ウーナ パスタ モルビダ エ リーシャ
Impastate fino ad ottenere una pasta morbida e liscia.

センツァ コロランテ
Senza colorante

ファーテロ ゾラーレ ドゥエ スピッキ ダッリオ センツァ ブルチャールリ
Fate rosolare 2 spicchi d'aglio senza bruciarli.

クワンド イル リーゾ サラー クワーズィ コット ウニーテイル フォルマッジョ
Quando i l riso sarà quasi cotto, unite i l formaggio.

リペテーテ ロペラツィオーネ フィンケー ラックワ レスタ リンピダ
Ripetete l' operazione finché l'acqua resta limpida.

ファーテ クオーチェレ ア フオーコ ヴィーヴォ アッフィンケー イル スーゴ スィ アッデンスィ
Fate cuocere a fuoco vivo affinché il sugo si addensi.

ラシャーテ ケ ラ パンナ コッタ スィ ラッフレッディ
Lasciate che la panna cotta si raffreddi.

メスコラーテイ フェガティーニ イン モード ケ リズルティーノ ベン ドラーティ ダ トゥッテ レ パルティ
Mescolate i fegatini in modo che risultino ben dorati da tutte le parti.

p. 74 練習問題の答

1）ジェノヴァ風ペースト

350g 分の材料

エクストラヴァージンオリーブオイル	2dl	おろしたグラナ・パダーノ	30g
ペコリーノ・サルド	30 g	粗塩	適量
リグーリア産バジルの葉	50g		
ニンニク	1 かけ		
殻を取った松の実	50g		

1）バジルの葉を洗い、ニンニクは皮を取り除く。この2つを粗塩一つまみと一緒にすり鉢に入れる。

2）円を描くようにして、すりこぎですり鉢の中身をつぶす。松の実を加えて、2種類のチーズを少しづつ加えながら、つぶし続ける。

3）ペーストがまんべんなくきめ細かくなったら、少しずつオイルを垂らし、絶えず混ぜながら、クリーミーなソースになるまで混ぜ合わせていく。

ペスト アッラ ジェノヴェーゼ
1. Pesto alla Genovese

イングレディエンティ ペル トゥレチェントチンクワンタ グラッミ			
Ingredienti per 350 g			
オーリオ エクストゥラヴェルジネ ディ オリーヴァ / ドゥエ デチーリトゥリ	ピノーリ ズグシャーティ チンクワンタ グラッミ		
olio extravergine di oliva 2 d ℓ	· pinoli sgusciati 50 g		
ペコリーノ サルド / トゥレンタ グラッミ	グラーナ グラットゥジャート トゥジュンタ グラッミ		
Pecorino sardo 30 g	· Grana grattugiato 30 g		
フォッリエ ディ バズィーリコ リーグレ / チンクワンタ グラッミ	サーレ グロッソ クービー		
foglie di basilico ligure 50 g	· sale grosso q.b.		
スピッキ ダッリオ / ウーノ			
spicchi d' aglio n. 1			

ラヴァーテ レ フォッリエ ディ バズィーリコ エ プリーテ ラッリオ メッテーテイ ドゥエ アローミ ネル モルタイオ
1) Lavate le foglie di basilico e pulite l'aglio. Mettete i due aromi nel mortaio
コヌン ピッツィコ ディ サーレ グロッソ
con un pizzico di sale grosso.

コニール ペステッロ スキアッチャーテ イル コンポースト ファチェンド ウン モヴィメント ロタトーリオ
2) Con il pestello schiacciate il composto, facendo un movimento rotatorio.
アッジュンジェーテイ ピノーリ エ コンティヌアーテ ア ペスターレ アッジュンジェンド ウンポー アッラ ヴォルタ
Aggiungete i pinoli e continuate a pestare, aggiungendo un po' alla volta
イ ドゥエ フォルマッジ
i due formaggi.

クワンド ラ パスタ サラー フィーネ エド モジェーネア インコルポラーテ ローリオ ア フィーロ センプレ
3) Quando la pasta sarà fine ed omogenea, incorporate l'olio a filo, sempre
メスコランド フィーノ アドッテネーレ ウーナ サルサ クレモーザ
mescolando, fino ad ottenere una salsa cremosa.

9

２）ローマ風　サルティンボッカ

４人分の分量

仔牛の薄切り８枚	1/2 kg	白ワイン	適量
生ハム４枚	約80g	黒コショウと塩	適量
バター	40 g	小麦粉	
セージ	8枚		

１）仔牛の薄切り肉を肉たたきで軽くたたく。それぞれの肉の薄切りに２分の１切れの生ハムとセージの葉を１枚置き、全てを爪楊枝を使ってピンを刺すように留める。

２）バターを熱する。サルティンボッカに軽く粉を振る。セージをのせた側から、両側を強火でこんがり焼く。ハムの反対側にだけ塩とコショウをふる。

３）大皿に肉を置き、爪楊枝をとる。余分なバターを取り除き、ワインでデグラッセする。ごく少量の水をフライパンに加えて、中火で（肉の）焼き汁を木べらでこすっていく。 濾しながらソースを肉に注ぎ、すぐに出す。

2. Saltimbocca alla romana

Dosi per 4 persone:

1/2 k g di polpa di vitello in 8 fettine

80 g circa di prosciutto crudo in 4 fette

40 g di burro

8 foglie di salvia

vino bianco q . b .

pepe nero e sale q . b .

farina

1) Battete leggermente le fettine di vitello con il batticarne. Diponete su ogni fettina 1/2 fetta di prosciutto e una foglia di salvia, fermate il tutto con uno stecchino infilato a spillo.

2) Fate riscaldare il burro. Infarinate leggermente i saltimbocca. Rosolateli a fiamma viva da ambo le parti, inziando dalla parte con la salvia. Salate e pepate solamente la parte opposta al prosciutto.

3) Sistemate la carne nel piatto di portata e togliete gli stecchini. Eliminate il burro in eccesso e deglassate con il vino. Aggiungete un goccio d'acqua nella padella, grattando il fondo di cottura con il cucchiaio di legno sul fuoco moderato. Versate la salsa sulla carne filtrandola e servite subito.

p. 80 Andare al mercato

1) Dal fruttivendolo

   F. : Buongiorno.

   Takeshi : Buongiorno, vorrei dei fagiolini.

   F. : Quanti?

   Takeshi : Mezzo chilo

   F. : Vuole qualcos' altro?

   Takeshi : No, va bene così. Grazie.

---

2) Dal pescivendolo

   P. : Buongiorno. Desidera?

   Takeshi : Buongiorno. Cos'è questo?

   P. : Questa è la coda di rospo. È buona da fare al forno.

   Takeshi : Allora, una coda di rospo, per favore.

---

3) Dal macellaio

   Takeshi : Buongiorno. Avete un coscio di maiale da fare arrosto?

   M. : Per quante persone?

   Takeshi : Per 6.

   M. : Va bene questo?

   Takeshi : Può farmi vedere quello accanto, per favore?

   M. : Certamente. Eccolo.

   Takeshi : Grazie. Va bene. Allora prendo quello lì.

---

4) Dal salumiere

   Takeshi : Buongiorno. Due o tre etti di pecorino, per favore.

   Sal. : Fresco o stagionato?

   Takeshi : Da mangiare con i baccelli.

11

Sal. : アッローラ フレスコ ヴァ ベーネ コズィー
Allora fresco. Va bene così?

Takeshi : ウンポ ディ ピュー ペル ファヴォーレ
Un po' di più, per favore.

Sal. : コズィー
Così?

Takeshi : スィー ヴァ ベニッスィモ クワンテー
Sì. Va benissimo. Quant'è?

p. 88 プレパラツィオーネ Preparazione

1) デッレ ヴェルドゥーレ delle verdure

C. pa. : ファイ ウン ソッフリット ズブッチャ レ チポッレ エ タッリアレ ア フェッテ ソッティーリ
Fai un soffritto. Sbuccia le cipolle e tagliale a fette sottili.

Takeshi : スィー シェフ ロ ファット
Sì, chef. L'ho fatto.

C. pa. : アッローラ ポルタミ ウーナ カッセルオーラ メッティ レ チポッレ エ ファッレ ソッフリッジェレ
Allora portami una casseruola. Metti le cipolle e falle soffriggere
コノーリオ ディ オリーヴァ ミ ラッコマーンド ファイ アッテンツィオーネ ノン ブルチャールレ
con olio di oliva. Mi raccomando. Fai attenzione. Non bruciarle.
オッニ タント メースコラ コニール メストロ
Ogni tanto mescola con il mestolo.

Takeshi : サラー ファット シェフ
Sarà fatto, chef.

C. pa. : クワンド アーイ フィニート プリーシ イ カルチョーフィ サーイ コーメ ファーレ
Quando hai finito, pulisci i carciofi. Sai come fare?

Takeshi : ミ ディスピアーチェ ノン ロ マーイ ファット
Mi dispiace. Non l'ho mai fatto.

C. pa. : アデッソ ティ ファッチョ ヴェデーレ グワルダミ ベーネ プリーマ トッリ レ フォッリエ
Adesso ti faccio vedere. Guardami bene. Prima togli le foglie
エステルネ ピュー ドゥーレ ポーイ スプンタ イ カルチョーフィ ア ドゥエ テルツィ デッラ ローロ アルテッツァ
esterne più dure. Poi spunta i carciofi a 2 / 3 della loro altezza.
パーラリ ベーネ ポーイ タッリ イ ガンビ ラシャンードネ トゥレクワットゥロ チェンティーメトゥリ エ
Parali bene. Poi tagli i gambi lasciandone 3 - 4 cm e
ズブッチャリ
sbucciali.

Takeshi : エ ポーイ
E poi?

C. pa : ラーヴァ イ カルチョーフィ アックラータメンテ エ メッティリ イナックワ コン リモーネ
Lava i carciofi accuratamente e mettili in acqua con limone.
セ ノ イ カルチョーフィ ディヴェンタノ スクーリ オーラ ファッロ トゥー
Se no i carciofi diventano scuri. Ora fallo tu.

2) デッレ ヴェルドゥーレ delle verdure

C. p. : タ ケ シ トルニーシ レ カローテ エ レ ラーペ エ スコッタレ ペル ラ グワルニツィオーネ
Takeshi, tornisci le carote e le rape e scottale per la guarnizione.

Takeshi : スィー シェフ クワンティ ミヌーティ デーヴォノ ボッリーレ
Sì, chef. Quanti minuti devono bollire?

C. p. : ノン トゥロッポ バスタノ ドゥエ ミヌーティ ドーポ レ サルティアーモ ネル ブッロ
Non troppo. Bastano 2 minuti. Dopo le saltiamo nel burro.

Takeshi : ヴァ ベーネ シェフ
Va bene, chef.

C. p. : Quando hai finito, lessa gli spinaci.

Takeshi : Sì, chef.

C. p. : Lavale bene. Ora prendi una pentola.

Takeshi : Quale pentola? Questa piccola o quella grande?

C. p. : Quella grande. Quando l'acqua bolle, prima metti il sale poi

gli spinaci. Non mettere il coperchio.

Takeshi : Va bene così?

C. p. : Sì, perfetto. Adesso scolale e mettili in acqua e ghiaccio. Quando sono

freddi, scolali di nuovo.

Takeshi : Sì, chef.

3) della pasta fresca

C. p. : Ora prepara gli strozzapreti.

Takeshi : Mi scusi chef, ma che cosa sono gli strozzapreti?

C.p. : Sono un tipo di pasta fatta con farina, acqua e sale. Fai una fontana

con la farina, metti gli altri ingredienti e impasta tutto.

Takeshi : D'accordo.

p. 93 ～スィニョール佐藤のつぶやき　その1～　　イタリア語の読み仮名(上から順に)

Prendi due carote

Fai così

Posso (aiutare di là)?　　/　Possiamo (farlo) insieme?

Certo.　/　Facciamolo insieme.

Posso assaggiare?

Che cosa c'è dentro?

C'è qualcosa (da fare)?

Possiamo (farlo) insieme?

Non ho capito.　Non capisco.

Scusami, ancora(una volta) per favore.

p. 94

4) del pesce

Takeshi : Che facciamo con questo pesce ?

Chef : Prima di tutto, togli le interiora e lavalo bene, poi sfilettalo.

Takeshi : Sì, chef. E dopo?

Chef : Mettilo nel frigo e lascia le lische per il fumetto.

Takeshi : Va bene, chef.

5) della carne

Chef : Mi prepari le scaloppine per i saltimbocca alla romana?
Lo sai fare, vero?

Takeshi : Sì, certo. Quante scaloppine devo preparare?

Chef : 20 scaloppine.

Takeshi : Dov'è il batticarne?

Chef : È nel cassetto. Vai a prenderlo.

p. 95 〜スィニョール佐藤のつぶやき その2〜 イタリア語の読み仮名（上から順に）

preciso / non sbaglia

Non sei giapponese. / Sei italiano.

p. 96 Svolgimento del lavoro in cucina

Cameriere : Arriva una nuova comanda. Tavolo 7. Due coperti.
Un carpaccio e una ribollita. A seguire una lasagna alla bolognese.
Seguono un brasato e un pollo alla cacciatora.

Cuochi : Va bene.

・ ・ ・

C.a. : (allo C.p.) Quanto tempo hai per la ribollita ?

C.p. : 3 minuti. E tu, quanto ?

C.a. : Ho bisogno di 5 minuti. Quando mancano 3 minuti, te lo dico.

14

[dopo 2 minuti]

C. a. : Ora mancano 3 minuti, andiamo.

C.p. : Va bene.

• • •

C.a. : Via il tavolo 7.

Cameriere : Pronti? (e porta via i piatti al tavolo 7.)

C.a. : (a tutti i cuochi) Escono un carpaccio e una ribollita.

Cuochi : OK, va bene.

Cameriere : Fate marciare i secondi del tavolo 11.

C. s : Va bene.

• • •

C. s : Escono 2 ariste. Dai, veloce! Prendimi il piatto quadrato.

Takeshi : Sì chef. Subito.

C. s : Attenzione. Mettile per bene. Attento a non sporcare i bordi!!

Takeshi : Sì. Va bene così.?

C.s : Sì, va bene. Mandale al passe.

Takeshi : Sì. (Suona il campanello.)

p. 98 Preparazione per domani

Chef : Ora, pensiamo all' ordinazione per domani.

Capo Sala : Domani abbiamo una prenotazione speciale, 6 persone, hanno l' antipasto di frutti di mare, gli gnocchi alle cozze e pomodorini e spigola in crosta di sale.

C.p. : Allora ordinate più patate e farina, per favore.

Chef : Che altro manca?

C.p. : Zucchini, basilico e pomodorini, per favore.

Chef : E per i secondi?

C. s. : 10· chili di Chianina, arista di maiale, spigole e sogliole per 15 persone,

Chef : Allora, mando un f a x ai fornitori.

• • •

Chef : Abbiamo spento i l gas e la luce? Controlliamo di nuovo.
Tutto a posto?

Staff : S ì. Tutto a posto.

Chef : Bene. Allora, buonanotte. A domani.

Staff : Buonanotte, chef. A domani.

p. 101 〜スィニョール佐藤のつぶやき　その３〜　　イタリア語の読み仮名（上から順に）

Che assassino!

Impara l' italiano!

Che mostro! / Stai crescendo!

Complimenti!

p. 102 Al ristorante

1) Prenotare un tavolo

Takeshi : Pronto?

Ristorante : Ristorante Da Enzo , buongiorno

Takeshi : Vorrei prenotare un tavolo per stasera.

Ristorante : Per quante persone?

Takeshi : Per 2 .

Ristorante : A che ora?

Takeshi : Alle 7 e mezzo.

Ristorante : Bene. A che nome?

Takeshi : A nome Nakata.

Ristorante : Benissimo. Allora S i g . Nakata, l'aspettiamo stasera. Grazie.

• • •

Takeshi : Buonasera.

Sala : Buonasera, signori. Posso aiutarvi?

Takeshi : Sono Nakata. Ho prenotato un tavolo per stasera.

Sala : Mi faccia controllare. Si, esatto. Vi abbiamo riservato un tavolo in terrazza. Prego, da questa parte.

2) Senza prenotazione:

Takeshi : Buonasera. Avete un tavolo per 4 ?

Cameriere : Avete prenotato?

Takeshi : No, non abbiamo prenotato.

Cameriere : Un attimo, per favore. Vediamo. Non c'è problema. Preferite questo tavolo o quello là vicino alla finestra?

Takeshi : Quello là, per favore.

Cameriere : Accomodatevi, prego.

3) A tavola

Cameriere : Ecco il menù, signori. Nel frattempo volete ordinare da bere?

Takeshi : Un bicchiere di vino rosso e una bottiglia di acqua minerale, per favore.

Cameriere : Frizzante o naturale?

Takeshi : Frizzante, per favore.

・　　・　　・

Cameriere : Avete deciso? Volete ordinare?

Takeshi : Per me ribollita e come secondo filetto di manzo al pepe verde. Per la signora, arista di maiale con insalata mista.

Cameriere : Per il filetto, come vuole la cottura? Al sangue, ben cotta o media?

Takeshi : Media, per favore.

Cameriere : Benissimo, vi ringrazio.

・　　・　　・

Cameriere : Gradite un dolce?

Takeshi : Sì, Lei, che cosa ci consiglia?

Cameriere : Abbiamo tiramisù, panna cotta, gelati di nostra produzione.

Takeshi ： <ruby>I o<rt>イーオ</rt></ruby> <ruby>prenderei la panna cotta<rt>プレンデレイ ラ パンナ コッタ</rt></ruby>.

Momoko ： <ruby>Sarei a posto così<rt>サレーイ ア ポスト コズィー</rt></ruby>, <ruby>ma vorrei un gelato<rt>マ ヴォッレーイ ウン ジェラート</rt></ruby>. <ruby>Che gusti avete<rt>ケ グスティ アヴェーテ</rt></ruby>?

Cameriere ： <ruby>Abbiamo vaniglia<rt>アッビアーモ ヴァニッリヤ</rt></ruby>, <ruby>limone<rt>リモーネ</rt></ruby>, <ruby>fragola<rt>フラーゴラ</rt></ruby>, <ruby>pistacchio<rt>ピスタッキオ</rt></ruby>, <ruby>cioccolato e pesca<rt>チョッコラート エ ペースカ</rt></ruby>.

Momoko ： <ruby>Allora<rt>アッローラ</rt></ruby>, <ruby>limone e pesca<rt>リモーネ エ ペースカ</rt></ruby>, <ruby>per favore<rt>ペル ファヴォーレ</rt></ruby>.

・ ・ ・

Cameriere ： <ruby>Avete finito<rt>アヴェーテ フィニート</rt></ruby>? <ruby>Andava tutto bene<rt>アンダーヴァ トゥット ベーネ</rt></ruby> ?

Takeshi ： <ruby>Sì, era tutto buono<rt>スィー エーラ トゥット ブオーノ</rt></ruby>, <ruby>grazie<rt>グラーツィエ</rt></ruby>.

Cameriere ： <ruby>Volete un caffè<rt>ヴォレーテ ウン カッフェー</rt></ruby>?

Takeshi ： <ruby>No grazie<rt>ノー グラーツィエ</rt></ruby>. <ruby>Il conto<rt>イル コント</rt></ruby>, <ruby>per favore<rt>ペル ファヴォーレ</rt></ruby>.

p. 107

美味しさの表しかた

<ruby>Buono<rt>ブオーノ</rt></ruby>! / <ruby>Molto buono<rt>モルト ブオーノ</rt></ruby>! / <ruby>Buonissimo<rt>ブオニッスィモ</rt></ruby>! / <ruby>Era squisito<rt>エーラ スクイズィート</rt></ruby>. / <ruby>Era delizioso<rt>エーラ デリツィオーゾ</rt></ruby>.

<ruby>Era eccellente<rt>エーラ エッチェッレンテ</rt></ruby>. / <ruby>Ho mangiato bene<rt>オー マンジャート ベーネ</rt></ruby>. / <ruby>Complimenti (al cuoco)<rt>コンプリメンティ アル クオーコ</rt></ruby>!